生命教育
成长必修课
中职版

SHENGMING JIAOYU
CHENGZHANG BIXIUKE
ZHONGZHI BAN

肖川　曹专◎主编

北京师范大学出版集团
BEIJING NORMAL UNIVERSITY PUBLISHING GROUP
安徽大学出版社

图书在版编目(CIP)数据

生命教育:成长必修课:中职版/肖川,曹专主编.—合肥:安徽大学出版社,2020.12
ISBN 978-7-5664-2164-7

Ⅰ.①生… Ⅱ.①肖… ②曹… Ⅲ.①生命哲学－中等专业学校－课外读物 Ⅳ.①G634.203

中国版本图书馆 CIP 数据核字(2020)第 246020 号

生命教育——成长必修课(中职版)

肖川 曹专 主编

出版发行	:	北京师范大学出版集团 安徽大学出版社 (安徽省合肥市肥西路3号 邮编230039) www.bnupg.com.cn www.ahupress.com.cn
印 刷	:	安徽联众印刷有限公司
经 销	:	全国新华书店
开 本	:	184 mm×260 mm
印 张	:	13.25
字 数	:	250 千字
版 次	:	2020 年 12 月第 1 版
印 次	:	2020 年 12 月第 1 次印刷
定 价	:	39.00 元

ISBN 978-7-5664-2164-7

策划编辑:钟 蕾　　　　　　　　　　　装帧设计:李伯骥
责任编辑:刘佩珊　　　　　　　　　　　美术编辑:李　军
责任校对:王　慧　　　　　　　　　　　责任印制:赵明炎

版权所有　侵权必究
反盗版、侵权举报电话:0551—65106311
外埠邮购电话:0551—65107716
本书如有印装质量问题,请与印制管理部联系调换。
印制管理部电话:0551—65106311

编委会

- **主　　编**：肖川　曹专
- **副 主 编**：余国良　陈来　汪桂琼
- **编　　委**：于东泽　杨建辉　刘世峰　李艳　邓向伟
  　　　　　　钟蕾　宫晓波　余悉英　周柏洪　张亚文
  　　　　　　付强　欧光琳　王丛军　汪在文　李顺张
  　　　　　　周节　李洪德　裘宏山　张利君　宋歌
  　　　　　　华红霞　沈建军　黄少基　冯春全　茆艾磊
  　　　　　　黄宗良　王刚　金小兵　楼江明　孙承平
  　　　　　　刘茂秋　侯再刚　王睿　周有根　余蕊
  　　　　　　万霞　赖敏慧　赖英明　阳丁玉　李思航
  　　　　　　李安欣　吴艳　曹成群　李琼　卢瑞霞

序一

生命教育：
朝向幸福的努力

肖 川

我很高兴地看到在今年"两会"期间，有多位全国人大代表提议在学校中重视生命教育，并单独开设生命教育的相关课程。这也说明：吾道不孤——"德不孤，必有邻"（《论语·里仁》）。在我的观念里，"生命教育"是优质教育的代名词。"生命教育：朝向幸福的努力""生命教育：造就强健的个体"是我坚定的教育信念。

人这一辈子，真正拥有的就是自己的人生。每个人在心中不断地强化"自我实现""亲密关系""生命价值""人生幸福""社会团结""世界大同"这些概念，彰显其"生命自觉"，为享受人生的灿烂时光提供心理支撑与精神养料。这样的教育，才是生命的教育，才真正是功在当代、利在千秋。

我们每天都在书写着自己的人生答卷：有的人的答卷"阳光灿烂，花果飘香"，有的人的答卷"枯枝败叶，一地鸡毛"；有的人的答卷"春风拂面，德艺双馨"，有的人的答卷却"阴云笼罩，充斥着愁云惨雾"……人生百态，很大程度上取决于我们对生命是否有真正的爱与智慧。

我倡导的生命教育包括"以爱育爱"，首先就是爱生命。人类的爱以人类的生存、发展和享受为归依，爱人类就必然延伸为爱真理、爱正义、爱自由，因为它们有利于人类的生存、发展与享受。对人类个体而言，"生命"表现为"生活"。健康、卫生、学习、劳动、亲密关系的建立以及个体的丰富的体验、好奇的探索和创造、自我实现都是其重要内容。

"爱生命"这个道理并不深奥，但要做到并不是很容易。我们每天都离不开饮食，但我们对饮食的价值排序真正做到"卫生、健康、营养、美味"并不容易。比如，如果经常

"享用"碳酸饮料、膨化食品等就可能危害生命健康。很多事情，偶尔为之消极影响并不明显，但积累起来就会发生质的改变。"有关家国书常读，无益身心事莫为"，如果能坚持做到这两点，我们的人生一定会充满明媚的阳光。

我们组织编写这套书，就是希望能够为青少年学生提供有益的阅读资源。本套书编写期间，新冠肺炎疫情在全球肆虐，许多人在与疾病顽强地抗争，也有许多人在痛苦中逝去。正因如此，我相信本套书的字里行间多了一份对生命的敬畏、对苦难的悲悯。而这正是我们所希望传达给成长中的青少年的：对生命的敬畏，对先辈的感恩，对家国的热爱，对文明的推崇，对道义的坚守……这都是强健的生命所应有的精神元素。

是为序。

序二

没有什么比生命更重要

曹专

从前有个商人，很幸运地得到了一颗价值连城的珍珠，他非常喜爱，生怕被人偷走，藏在哪儿都不放心。后来，他突发奇想，剖开自己的肚子，把珍珠藏在肚子里面。这样做倒是相当稳妥了，可是他也一命呜呼了。

这就是成语"剖腹藏珠"的来历。可能许多人都觉得这个商人因为喜爱珍珠而伤害生命很愚蠢，很可笑。可是，当我们因玩网络游戏而伤害生命，因考得不好而伤害生命，因哥们义气而伤害生命，因和父母赌气而伤害生命时，是不是也和这个商人一样愚蠢可笑呢？

其实，我们的生命就是那颗无价的明珠。每个人的生命都来之不易，每个人的生命也都只有一次，一个人不管长得多么漂亮，不管学习成绩多么好，不管家庭多么富裕，他都只有一次生命。"燕子去了，有再来的时候；杨柳枯了，有再青的时候；桃花谢了，有再开的时候"。可是，谁也无法让生命重新再来。正因如此，我们可以说，没有什么比生命更重要。

没有什么比生命更重要，所以我们要了解她、呵护她、善待她，让她焕发出夺目的光彩。为此，我们编写了这套书供广大青少年学习。这套书围绕人的"自然生命、社会生命、精神生命"展开，体现了"人与自我、人与他人、人与社会、人与自然、人与文化"五种关系，设计了"学会生存、快乐生活、成就生命、保护生态、生生不息"五个篇章，为延伸生命的长度、拓展生命的宽度、提升生命的高度、调节生命的温度、增加生命的厚度服务。

一 本书的主要内容

1. 学会生存——人与自我——生命的长度

学会生存是学习维护生命存在的关键知识与技能、过程与方法、情感态度价值观。主题内容主要包括生命安全、生命健康、应急自救等。主要文件依据是《中小学公共安全教育指导纲要》《中小学健康教育指导纲要》。

本部分的重点内容包括：（1）预防和应对意外事故：如火灾、溺水、交通事故等；（2）预防和应对自然灾害：如地震、洪水、台风等；（3）预防和应对公共卫生事件：如食品安全、传染病、毒品等；（4）预防和应对社会安全事件：如拐卖、校园欺凌、性侵害行为等；（5）预防和应对网络、信息安全事件：如沉迷游戏、泄露隐私、网络诈骗等。

2. 快乐生活——人与他人——生命的宽度

快乐生活是学习健康人格的关键知识与技能、过程与方法、情感态度价值观。主题内容主要包括认识自我、人际交往、情绪管理、青春期教育等。主要文件依据是《中小学心理健康教育指导纲要》《健康中国行动——儿童青少年心理健康行动方案（2019—2022年）》。

本部分的重点内容包括：（1）正确认识自己，悦纳自我；（2）认识青春期的身心特征，学会与异性交往；（3）学会沟通，建立良好的亲子关系、师生关系、同伴关系；（4）学会恰当地、正确地表达情绪、管理情绪；（5）培养兴趣爱好，学会管理时间，适度放松和休闲。

3. 成就生命——人与社会——生命的高度

成就生命是学习营造幸福人生的关键知识与技能、过程与方法、情感态度价值观。主题内容主要包括理想信念、社会主义核心价值观、人生规划、积极心理品质等。主要文件依据是《中小学德育工作指南》《中小学法制教育指导纲要》。

本部分的重点内容包括：（1）树立远大理想，形成正确的世界观、人生观和价值观；（2）理解自由、平等、公正、法治的价值取向，遵守爱国、敬业、诚信、友善的价值准则；（3）树立规则意识、法治观念，拥有公民意识和奉献精神；（4）形成职业和人生规划意识，学会开发自己的潜能；（5）培养创新、乐观、专注、坚毅、合作等积极心理品质。

4. 保护生态——人与自然——生命的温度

保护生态是学习守护美丽家园的关键知识与技能、过程与方法、情感态度价值观，主题内容主要包括环境保护、生态文明、研学实践等。主要文件依据是《中小学环境教育实施指南》《中小学环境教育专题教育大纲》《关于推进中小学生研学旅行的意见》。

本部分的重点内容包括：（1）了解身边的环境与环境问题；（2）欣赏自然的美与生物多样性，关爱动植物；（3）了解水资源、土地资源、能源等资源的保护与开发；（4）可持续发展的理念，简朴、健康、文明的生活方式；（5）认识人与自然的关系，形成天人合一的思想，获得寄情山水间的人生。

5. 生生不息——人与文化——生命的厚度

生生不息是学习传承优秀文化的关键知识与技能、过程与方法、情感态度价值观，主题内容主要包括优秀传统文化、文明礼仪、艺术与审美、生命的归宿等。主要文件依据是《完善中华优秀传统文化教育指导纲要》《中小学文明礼仪教育指导纲要》。

本部分的重点内容包括：（1）传统节日与生活习俗；（2）书法、民乐、戏剧等传统艺术；（3）诚信、勤俭、好学等传统美德；（4）死亡、告别与新生。（5）体会生命的厚重，感受久远的生命在传承中延续。

下图展示了本套书的编写思路。

二 本书的基本体例

1. 标题

标题是文章的名称，点明了文章的主题。编写者从生命教育的视角，设计了许多别出心裁、生动活泼的标题。

2. 名言

名言是古今中外经典言论，每个标题下都有一句发人深省的名言，旨在唤醒青少年的学习意识和生命意识。

3. 导读

导读是提纲挈领的文字，它如同一条领带，突出文章的精神与气质，引出或高度概括文章的主旨。

4. 品读

品读是文章的主要内容，是对学习主题的解读与阐释，包括鲜活的案例、精彩的故事和中肯的建议，是本书的精华部分。

5. 荐读

荐读是对文章的丰富和补充，是编写者推荐的与主题相关的经典读物、纪录片和电影等。

6. 知行合一

知行合一是编写者精心设计的小活动，便于青少年将所学落实到行动上，在行为上有所改变。

三 本书的特色

1. 人文性

贴近青少年生活，突出善与美的价值引领与情感陶冶，让青少年感受生命的美好和人性的美好。

2. 典型性

聚焦生命中的五大核心主题，选取典型的学习素材，力求让人过目难忘、终身受益。

3. 趣味性

摒弃"假大空"，摒弃成人立场和说教，注重用生动的故事和鲜活的案例激发学生的学习兴趣。

4. 创新性

有完整而独特的内容框架和编写体例，并将学习内容与微课结合起来，使阅读立体化。

这套书的编写于2020年春天启动，全国近200所学校的优秀校长和教师参与其中，他们郑重其事，全力以赴，把每篇文章都当作为孩子们精心准备的礼物，时刻提醒他们：没有什么比生命更重要。

作家林清玄说："我们增长自己的智慧，是为自己开一朵花；我们奉献自己的心，是为世界开一朵花。"生如夏花般灿烂，是每个生命应有的姿态。期待这套书能引导和激励青少年永远向着明亮那方生长，开出属于自己的生命之花。

目 录

 **主题一　学会生存**　　001

第一课　灾难之下的绝境求生 / 002

第二课　独自穿越生命的"无人区" / 006

第三课　吸烟一点儿也不酷 / 010

第四课　小心网络这把双刃剑 / 013

第五课　对校园欺凌说"不" / 017

第六课　与法同行，踏好青春每一步 / 022

第七课　警惕"杀熟"的性侵害行为 / 026

第八课　远离"艾"　拥抱爱 / 031

第九课　直面洪水　保护生命 / 036

第十课　给生命上一道保险 / 040

 **主题二　快乐生活**　　045

第一课　"食"尚生活 / 046

第二课　忍住诱惑你的那份"甜" / 051

1

第三课　做情绪的朋友 / 055

第四课　拥抱快乐　一路前行 / 059

第五课　沟通架起心灵间的桥梁 / 062

第六课　我的朋友圈 / 066

第七课　倾听生命的回声 / 070

第八课　走出阴影　拥抱阳光 / 073

第九课　静待花开 / 076

第十课　我是世上的独一无二 / 080

主题三　成就生命　083

第一课　生命的灯塔 / 084

第二课　规划引领人生 / 089

第三课　掌控你的人生 / 094

第四课　责任成就英雄 / 098

第五课　我想要怒放的生命 / 101

第六课　技能点亮人生 / 105

第七课　小工匠　成大器 / 109

第八课　奉献也是一种幸福 / 113

第九课　直面灾难　快乐成长 / 116

第十课　向幸福出发 / 120

主题四　保护生态　123

第一课　呵护绿色　呵护生命 / 124

第二课　种植花草　品味生命 / **128**

第三课　万物生灵，爱你等于爱自己 / **131**

第四课　感受相互依存的生命 / **135**

第五课　垃圾分类　文明生活 / **138**

第六课　善待动物　珍爱生命 / **142**

第七课　保护美丽乡村 / **146**

第八课　蓝蓝的天上白云飘 / **150**

第九课　与美景有约　与文明同行 / **154**

主题五　生生不息

159

第一课　穿越时空的诗词之美 / **160**

第二课　阅读点亮生命的光 / **164**

第三课　丰厚生命　对话经典 / **168**

第四课　孝敬父母，传承优良家风 / **171**

第五课　生命因诚信而美 / **175**

第六课　善良之花　灼灼其华 / **179**

第七课　战"疫"点燃家国情 / **182**

第八课　对话灵魂　感悟生命 / **185**

第九课　美丽的人生旅程 / **189**

第十课　直面死亡　向死而生 / **193**

主题一
学会生存

每个人的生命都只有一次,都无比珍贵,也都非常脆弱。各种各样的危险因素,如交通事故、火灾、溺水、地震、传染病、校园欺凌等,都可能对生命造成极大的伤害甚至是致命的打击。珍爱和保护好生命,学会生存的各种本领,是一门非常重要的功课。

第一课　灾难之下的绝境求生

只有经历地狱般的磨练，才能炼出创造天堂的力量；只有流过血的手指，才能弹出世间的绝唱。

——［印］泰戈尔

每个人的一生多多少少都会遇到灾难，如地震、泥石流、疫病、车祸……遇见灾难当然是不幸的，但幸运的是面对灾难，我们没有逃避和放弃，而是努力在危险重重的环境中用尽各种方法使自己活下来，这是一种生存的智慧。灾难摧毁了我们的生活，它用残酷的现实逼迫我们思考生命的意义，增强我们直面困境的勇气，使我们身陷绝境也心存希望！

时光荏苒，那些令我们伤心、绝望的日子已渐渐远去，昔日满目疮痍的家园已经重建，满身疲惫的人们也已重整精神。我们铭记的不仅是灾难带来的伤痛，更是灾难来袭时人们坚定的信念、不屈的脊梁和沉着应对的姿态。是的，没有什么力量能摧毁这片土地及这片土地上的生命，请相信：有太阳升起的地方就一定有我们前行的身影。

一、突如其来的灾难

法国作家巴尔扎克说:"每个人都无法等待一个未知的灾难。因为不知道灾难到底是什么,痛苦的范围似乎更大了;凡是不可知的事,我们的心中都觉得那无穷无极。"灾难的发生,往往出乎我们的预料。

1986年4月26日凌晨,苏联修建的切尔诺贝利核电站发生爆炸并引发大火,大量强核辐射物质暴露在空气中,随风四散。白俄罗斯国家科学院数据显示,此次爆炸事故受害者达九万多人,致癌民众约达二十七万人,切尔诺贝利地区至今被划为隔离区……

2008年5月12日下午,四川省汶川县,大地被无情地摇晃和撕裂。一时间,崇山悲鸣,江水呜咽。钟摆停止在那一刻,成了永恒。许多生命因此逝去,许多家庭支离破碎。这次地震成了大家共同的伤痛记忆。

2011年3月,日本发生里氏9.0级地震,福岛核电站发生泄漏事故,中国和俄罗斯均能检测到污染物质,核污染的危害很难消除,至今仍有影响。

2020年新冠肺炎疫情在全球肆虐,刚果(金)暴发了新一轮埃博拉疫情……

在生命的长河中,我们都希望能够一帆风顺,但现实往往不遂人意。从出生开始,我们就开始了探险历程,灾难总是不期而至,做好充足的应对准备是我们生存的前提。

二、迎难而上,直面灾难

2020年注定是不平凡的一年。当大家都欢欣鼓舞迎接春节的到来时,疫情的阴霾毫无征兆地笼罩在每个人的心头,焦虑、不安是当时最常见的状态。但当我们从新闻上看到无数英雄义无反顾奔赴抗疫一线时,我们焦躁不安的心逐渐安定下来,因为我们相信中国定会迎难而上,战胜疫情!

尼克·胡哲说:"如果没有得到奇迹,那就成为一个奇迹。"是的,奇迹就是我们自己,奇迹就是全国上下众志成城,挽救生命。

疫情形势严峻，为了尽快控制疫情，十几亿中国人上下一心、全力以赴，采取最全面、最严格、最彻底的防控举措，用一个多月时间初步遏制了疫情蔓延势头，用两个月左右时间将本土每日新增病例控制在个位数以内，用三个月左右时间取得了武汉保卫战、湖北保卫战的决定性成果，全国疫情防控阻击战取得重大战略成果，这是全中国人共同创造的奇迹。纵然前路漫漫，荆棘遍地，我们的身边依然有这样一群冲锋陷阵的人，为我们撑起一片希望的天。我们无法忘记抗疫的紧要关头，耄耋之年的钟南山院士那奔波疲惫的身影。我们无法忘记武汉市金银潭医院渐冻症患者张定宇院长蹒跚的步伐，他说："我必须跑得更快，才能跑赢时间，把重要的事情做完；我必须跑得更快，才能从病毒手里抢回更多病人。"我们无法忘记那一张张因长时间戴口罩和防护镜而留下深深压痕的脸。我们无法忘记那一个个不顾自身安危、舍生忘死的白衣勇士。他们是父母的孩子，也是孩子的父母，更是与死神赛跑的医生，是疫情防控阻击战的战士。

三、知己知彼，应对灾难

2003年"非典"疫情暴发，2008年中国遭遇"5·12"汶川特大地震，再到2020年新冠肺炎疫情全球肆虐，每一次灾难，都是那么可怕，它给我们的精神和生命带来了巨大的伤害。灾难固然可怕，但更可怕的是我们面临灾难却束手无策。那么，我们该怎样应对灾难呢？

1. 做好应对灾难的准备

天有不测风云，人有旦夕祸福。我们每一个人都要有防灾意识，为自己的人生保驾护航。当灾难发生时，生死存亡或许就在一念之间。

为防火灾，日常生活中我们就要时刻注意用火安全，了解灭火器的构造和用法，熟记宿舍楼、教学楼等地的逃生路线；为了应对地震，尤其是在地震高发地区，我们平时就要备好急救包，熟记地震逃生要领；为避免交通事故，我们要遵守交通法规，走路、骑车时要专注，不能玩手机、打电话……一个个看似微不足道的细节却能够增加我们生存的概率，在关键时刻帮助我们化险为夷。

作为新时代的青少年，我们是时代的见证者，更是时代的建设者。学习是一切的根本，我们要学会用知识武装自己，做一个强大的人，才能应对一切情况。

2. 积极心态应对灾难

在灾难中，每个人都会遭遇平时不曾体验过的情感冲击，如恐惧、焦虑、慌乱、无助、孤独等。出现这样的情绪时，我们不必惊慌失措，而是要冷静下来沉着应对。恐惧、逃避不能解决问题，我们可以及时拨打心理咨询热线寻求心理疏导，如新冠肺炎疫情期间北京师范大学心理健康服务中心就免费向社会提供心理咨询服务。其次，我们可以和亲人、朋友多沟通交流，或是结伴出游以舒缓情绪。

3. 树立战胜灾难的信念

灾难虽给我们带来了伤痛，但在应对灾难的过程中，我们收获了智慧和力量。我们看到了灾难来临时人们的恐慌，但更看到了大家沉着有序应对灾难。人类就是在与灾难斗争的过程中生存发展的。纵观古今，在与灾难的对抗中，人类总能用智慧战胜它。我们要相信自己，树立战胜灾难的信念，并为之奋斗！

"莫道浮云终蔽日，严冬过尽绽春蕾。"灾难终将过去，请相信幸运总是陪伴着有准备的人，每一次灾难都是我们成长路上的一次考验！

荐　读

1. 图书《活出生命的意义》，［奥］维克多·弗兰克著。
2. 电影《美丽人生》《归来》。

知行合一

我们的一生可能会遇见很多的灾难，冬天的雪灾、夏天的洪灾、随时可能发生的地震等。你做好应对这些灾难的准备了吗？请你搜集相关的应急知识，并分享给大家。

（四川省威州民族师范学校　韩兴芬）

第二课　独自穿越生命的"无人区"

人多不足以依赖，要生存只有靠自己。

——［法］拿破仑

生活不是上帝的诗篇，而是凡人的欢笑和眼泪。当平静、美好的世界突然变得狰狞可怖时，当我们只能孤身一人面对疫病等灾难的威胁时，我们该如何激励自己独自穿越生命的"无人区"呢？

　　平日，冬日暖阳下的江城是那么的宁静、美丽。然而，临近2020年春节的武汉却没有了往昔的祥和、喜庆，新冠肺炎疫情的阴云笼罩在每个人的心头。街头巷尾，公交地铁，随处可见戴着口罩的人们；超市小区，车站机场，循环播放着预防新冠肺炎的广播；空气里弥漫着恐惧的气息。在这里，一个17岁女孩，意外地开启了长达84天的"个人战'疫'"。

一、用知识守护生命

　　寒假之初，某中职院校电子商务专业三年级学生梦君在离老家不远的武汉找到了一份工作。春节前，父母提前开车回了湖北随州老家。因为工作繁忙，梦君决定忙完手上的事再坐车回随州。谁知疫情突袭，她忙完手上的工作后才发现武汉的出城通道已经暂时关闭了，17岁的她独自被困在武汉的家里。

看着空荡荡的家、空荡荡的冰箱，想到父母焦急的脸庞，梦君有些想哭。武汉会封闭多久？父母什么时候才能回来？自己会不会感染上传染病？这些问题像大石头一样，重重地压在她心里，一时找不到答案。

冷静下来之后，17岁的梦君默默地告诉自己："我一个人，也能保护好自己！"她打开电脑，收集关于新冠肺炎疫情的信息；拿出纸笔，列出所需的生活用品和药品；做好防护，谨慎外出采购生活用品；回家后，关好门窗，注意用水、用电安全。做完所有事情后，她静静地坐在沙发上，安然地等待黑夜的降临。

独自面对灾难，我们需要提醒自己：

1. 不要慌乱，保持冷静，理清思路；

2. 尽可能地回忆或搜集与眼前灾难相关的知识和自救措施，正确判断自己的行为是否安全；

3. 清点现有的物资，有计划地使用，保证个人的生存供给。

知识可以育人，知识也可以救人。面对灾难，看似微不足道的小知识也许就能创造出生命的奇迹。我们无法预测灾难的来临，但是我们可以不断积累自救知识和救助经验，用知识守护生命！

二、用"阳光"温暖生命

疫情期间，梦君特别关注外界的消息。看到疫情不断扩散，确诊人数不断攀升，她的心揪成一团。

往日温馨可亲的家，如今冷冷清清。看不到爸妈的笑脸，听不到温暖的唠叨，吃不到美味的饭菜，原本广阔、美好的世界，只剩下卧室、客厅、厨房、洗手间。每一个明天，都跟今天一样，似乎一点儿也不值得期待。沮丧、空虚、焦虑、恐慌，像无边的黑暗，侵占了她的心。发现这一状况后，她迅速想办法调整自己的心态。每天和爸爸妈妈视频通话，报平安的同时也多聊聊天；暂时没有工作需要完成，正好

补一补平时没来得及看的电影、电视剧。一个人的生活充实起来，也就能忘却疫情带来的负面情绪，给自己的世界增添一抹"阳光"。

独自面对灾难，要想找到"阳光"，我们需要做到：

1. 降低使用手机的频率，减少对灾难的关注，避免过度焦虑；
2. 转移注意力，做自己喜欢的事情，如读书、听音乐、看电影等，舒缓情绪，释放压力；
3. 定时和父母或者朋友通话，感受亲情与友情的温暖。

灾难，不仅是对人身体素质的挑战，更是对心理素质的考验。面对灾难和危机，我们可以通过适当的心理暗示，使自己保持乐观积极的心态，这样更容易赢取生存的机会。

三、用技能点亮生命

转眼两个星期过去了。

没日没夜地看书、追剧，没完没了地吃泡面、薯片，这让梦君有些吃不消。放眼望去，家里一片狼藉。餐桌上摆满了各种食品包装袋，沙发上满是脏衣服，床上的被子仿佛已经散落了几个世纪。对着镜子一看，梦君吓了一跳，自己披头散发，衣衫不整，这还是往日的那个自己吗？这时她才意识到这样下去自己迟早会生病，会更加让家人、朋友担心。于是她马上开始收拾房间，从手忙脚乱到有条不紊，半天的工夫整个房间都变得整齐干净了；为了避免上火、长胖，她开始通过网络上的视频资源和运动软件学习一些居家运动，在每天下午阳光最好的时候一边晒太阳一边享受运动的快乐……整洁的房间让梦君的心情愉悦，健康的作息安排让她多了肌肉，少了负面情绪，疫情期间的生活也慢慢变得明亮起来。

独自面对灾难，要想点亮生命，我们需要做到：

1. 制定科学健康的作息时间表，并严格执行；
2. 勤做家务，保持室内干净整洁；
3. 学习某项无器械运动，制定室内健身计划，保证身体健康；
4. 尝试制作美食，制定一日三餐食谱，做到按时用餐；
5. 制定每日读写计划，用文字记录生活。

从容面对灾难，学习生活小技能，学会收纳整理、烹饪美食、制作手工、美妆护

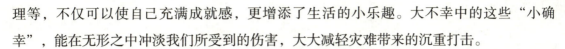

理等，不仅可以使自己充满成就感，更增添了生活的小乐趣。大不幸中的这些"小确幸"，能在无形之中冲淡我们所受到的伤害，大大减轻灾难带来的沉重打击。

人生的风雨总是不期而至。有人说，当你独自穿越了暴风雨，你就不再是原来的那个人了。愿我们每一个人都能学会用知识守护生命，用阳光温暖生命，用技能点亮生命，微笑着穿越生命的"无人区"，遇见更好的自己！

 荐 读

1. 图书《鲁滨孙漂流记》，[英] 丹尼尔·笛福著。
2. 图书《神秘岛》，[法] 儒勒·凡尔纳著。

知行合一

你认为自己一个人生活需要哪些技能？请认真思考，并列出计划，学习自己暂时不会的生活技能。

（湖北省武汉市石牌岭高级职业中学　胡慧娟）

第三课　吸烟一点儿也不酷

吸烟乃酗酒之难弟，万恶之根源。

——［英］詹姆斯一世

你被好友劝过烟吗？你是否感到手足无措，左右为难？生活中我们时常会遇到香烟的诱惑，想要认清吸烟的危害，拒绝第一支烟就成了关键。

一、青少年吸烟现状及成因

"吸烟有害健康"，大部分香烟盒上都印有这个标语。吸烟的危害人人皆知，但就是有人停不下来。有些学生躲在厕所、寝室、小店等老师看不到的地方，偷偷摸摸地吸上几根，不仅自己抽，还拉着别人一起，三五成群，影响更坏。

俗话说"饭后一支烟，赛过活神仙"，吸烟真的有这么舒服吗，让有些人这么欲罢不能？究其原因，不外乎以下几点：

1. 把吸烟当作一种时尚

有人看到身边吸烟的人比较多，觉得自己已然是个大人了，有自主决定权。吸烟显得比较酷，看上去更"成熟"，可以吸引一些异性的关注。

2. 把吸烟当作一种社交手段

日常生活中，与人交往时常常会遇到对方以烟相待，吸烟可以结交一些朋友，快速建立人际关系。如果拒绝，可能就会显得不合群，在这种情况下，有人可能就会吸烟。

3. 认为吸烟能带来心理慰藉

当学业或生活压力大时，有人会想要找个心理寄托，香烟就成为了"最佳的精神食粮"。他们会错误地认为吸烟能够提神解乏。

4. 家庭环境的影响

家中有烟民，平时家里随处能看到香烟，有人出于好奇，就吸了第一支烟，有了第一次，接着就是无数次了。

二、吸烟的危害

香烟犹如一种慢性毒药，其危害并不能马上显现，这会让我们产生错觉，认为其危害没有想象中的那么严重，以为那些因为吸烟而生病的人是运气不好，而我们肯定不会那么倒霉。医学研究表明，青少年处于生长发育阶段，各生理系统、器官尚未成熟，其对外界环境中有害因素的抵抗力较弱，易吸收有害物质，从而影响身体正常发育。吸烟对身体产生的危害主要有以下几个方面：

吸烟损害大脑，使智力受到影响。香烟烟雾中的一氧化碳含量很高，人体吸入后，其与血液中的血红蛋白结合成碳氧血红蛋白，使血红蛋白失去携氧能力，不能正常与氧结合成氧合血红蛋白。人的大脑需氧量巨大，对缺氧十分敏感，因此，吸烟多了就会感到精神不振，甚至出现头痛、头昏的症状。久而久之，大脑就会到损害，思维变得迟钝，记忆力减退，长此以往，这必将影响学习和工作。

吸烟对身体内脏有一定的危害。吸烟会刺激我们的神经系统，加速唾液和胃液的分泌，使肠胃出现紧张状态，进而使我们的食欲下降，逐渐演变为慢性病。吸烟对肝脏也有很大的损害，吸烟会引发肝炎、肝纤维化、肝硬化等，同时也大大增加了自身患癌风险。据美国一项调查数据显示，吸烟初始年龄与肺癌死亡率呈负相关关系。吸烟开始年龄越小，肺癌发生率与死亡率就越高。

最后，经常吸烟也会增加经济负担。我们本身没有经济来源，吸烟会在无形中加重家里的经济负担，对我们的价值观也会产生影响。

除此之外，吸烟对周围的人影响也不小。一个不吸烟的人进入封闭空间后，闻到烟味会感觉难受，甚至感到呼吸困难。实际上，吸"二手烟"的人受到的危害甚至超过吸"一手烟"的人，更容易得病。

三、避免吸烟的方法

在意识到吸烟的危害之后，我们不能再抱有侥幸心理。由吸烟引起的头晕、恶心等不适症状，想想就让人不寒而栗。其实这些危害离我们并不遥远，这是长期吸烟必然会导致的结果。身边的很多例子已给我们敲响警钟，我们应该端正态度，远离香烟。

当下，许多学校都在如火如荼地开展各种形式的活动，我们应该积极参加。中职阶段的生活应该是丰富多彩的，我们要活出自己阳光自信的姿态。所谓"近朱者赤，近墨者黑"，经常和不吸烟的同学一起，我们自然也不会主动去吸烟，即使个别同学有吸烟的现象，我们只要稍加劝阻，相信也能够带动那些同学主动放弃吸烟，营造一个良好的校园氛围。

创造美好的无烟环境需要大家共同的努力，而一代人有一代人的责任，一代人有一代人的担当，想要在未来建设一个无烟的理想社会，就要从我们年轻一代做起！

荐 读

1. 图书《这书能让你戒烟》，[美]亚伦·卡尔著。
2. 电影《戒烟奇谈》。

知行合一

同学们可在老师处得到3个拳头大小名为"香烟"的纸球，然后根据老师的指示站在某一处。此时，在同学们身后2米处有一个大纸箱。同学们只需背对大纸箱将"香烟"向后投，并尽量把"香烟"投入大纸箱内。凡投进两次或两次以上者，可获得小礼品一份。

（浙江省台州市椒江区第二职业技术学校　洪秀会）

第四课　小心网络这把双刃剑

居安思危，思则有备，有备无患。

——左丘明

网络使现实世界和虚拟世界之间的界限变得模糊，网络空间是一个信息极其丰富的百科全书式的世界，是人类有史以来最大的信息库。在这个新世界里，我们可以满足自己的需求，了解世界、认识世界；但网络空间的开放性、虚拟性又给我们带来了很多安全隐患。因此我们在享受网络带来的便利的同时，也要提防其中隐藏的陷阱。

网络是把双刃剑，一方面它给我们的学习生活提供了极大便利，另一方面，网络的虚拟性为各种各样的诈骗行为提供了便利，如果我们使用不当，就会给自身带来很多安全隐患。因此，网络虽好，使用需谨慎。

一、网络本虚拟，交友需谨慎

"海内存知己，天涯若比邻"，这是古人对纯洁友谊的美好向往，进入网络时代这一美好的愿望终于成为了现实。我们不必远行千里，就可以在网上找到志同道合的朋友，但这其中也存在很多安全隐患。

某校学生小熊只身从外地来到重庆约见网友吴某，见面后吴某将小熊带进出租屋内，当天夜里吴某和其同伙在其出租屋内对小熊进行语言威胁，并殴打小熊，逼迫他交出钱财，随后将小熊卖给人贩子。小熊经不住吴某的花言巧语，缺乏防范意识，最后导致自己身心受到了极大的伤害，追悔莫及。我们通过网络交友时必须要有安全意识，不能单独与网友见面，需要见面时最好提前告诉父母和老师，这样可以把潜在风险降到最低。

当前，网络交友已经成为一种常见的交友方式，由于网络的虚拟性和网络监管上存在的漏洞，一些不法分子会借机诱骗他人。匿名交往，使得双方都有很强的隐蔽性，互相无法了解对方的真实信息，若对方居心不良或别有所图，我们就很容易将自己置于危险的境地。我们使用网络时要保持警惕，不提供个人信息，不轻易与对方见面，受到对方骚扰、威胁时应尽早向家长、老师、警察等寻求帮助。

★ 二、网络本无害，提防有陷阱

现如今，公共Wi-Fi信号已遍布各个角落，它给我们带来了许多便利，但也存在许多隐患。

我们要提防那些虚假的Wi-Fi信号，只要用户连接了虚假Wi-Fi信号就存在个人信息泄露的风险，例如在餐厅、商场、火车站、机场等公共场所，通常都有免费的公共Wi-Fi信号，然而，不法分子会创建一个具有迷惑性的虚假Wi-Fi信号，导致使用者信息泄露、钱财受损等。某年央视"3·15"晚会上，专家

就现场为观众演示了利用虚假Wi-Fi信号截获观众传输的照片及电子邮箱密码等操作。

魏同学在一家商场内连接了一个没设密码的Wi-Fi信号，随后进行了网购。之后，魏同学的手机连续收到短信提醒，其信用卡被盗刷4笔，总金额达10000多元。

张同学放暑假和父母一起外出游玩，入住酒店后打开手机，发现了好几个不需要密码的Wi-Fi信号，他当时没考虑太多，随意连接了一个，结果手机中了恶意扣费病毒，手机关联的银行卡内的钱不翼而飞。

生活中我们应尽量使用自己的手机流量，不要打开手机Wi-Fi自动连接功能；连接公共Wi-Fi信号前要使用专业安全软件测试网络环境安全性等，以免不小心落入不法分子的陷阱中；连接公共Wi-Fi信号时切勿透露个人信息，谨慎使用银行卡等重要账号进行交易。我们应未雨绸缪，把祸患扼杀在萌芽状态。

三、网络很方便，网购防诈骗

网络购物已经成为我们常用的购物方式之一，网络购物具有商品信息全、成本低、选择空间大、购买方便等特点，深受我们喜爱，但同时也存在很多风险。

寒假"春运"高峰到了，火车票比较紧张，某校学生小徐因急于回家，通过网络搜索发现一个网站里还有火车票在售，而且还打折，小徐赶紧扫描客服发送的二维码支付了300元购票费，对方又称购票账户需要激活才能使用，于是小徐按照要求点击了对方发送的链接，几分钟后小徐发现其银行账户被刷走400元人民币，再次联系客服，却发现自己已被对方拉黑。因为自己的大意，小徐损失了700元人民币。

芳芳在网络平台上购买了一些学习用品，不久后接到一个电话，对方自称店铺客服，清楚地说出了芳芳的购买信息，包括用户名、订单号、收货地址等，同时称厂家不能按期发货需申请退款，芳芳按要求登陆了对方发来的退款网站，填写了相关个人信息，输入短信验证码后，网站页面突然关闭，一分钟后芳芳收到一条转账1000元的短信，这时她才意识到自己上当受骗了，于是立马报了警。后来警察调查

发现这是一起不法分子假冒店铺客服,违法收集用户信息并盗用他人财物的案件。

网络购物风险重重,我们要提高安全购物意识,一定要在正规购物网站购物和退换货,注意识别虚假信息,不随意点击不明链接,遇到诈骗行为立马报警。

信息时代已经到来,如何正确使用网络是每个人的必修课,我们要不断学习相关知识,提高自身的网络安全意识,保护自己的生命和财产安全,为美好生活保驾护航。

荐　读

1. 图书《互联网安全的40个智慧洞见》,360互联网安全中心编。
2. 图书《沸腾15年》,林军著。

知行合一

小玥在某社交软件上认识了一名网友。对方主动提出见面,小玥有些犹豫,便把这件事告诉了她的好朋友,询问她的意见。如果你是小玥的好朋友,你会如何做?

(四川省成都市中和职业中学　刘婷)

第五课　对校园欺凌说"不"

怯者愤怒，却抽刀向更弱者。

——鲁迅

校园欺凌指在校园内外同学间一方（个体或群体）单次或多次蓄意或恶意通过肢体、语言等手段实施欺负、侮辱，造成另一方（个体或群体）身体和心理伤害、财产损失或精神损害等的事件。被欺凌者会因为受辱而受到身体和心灵上的双重伤害，甚至转而走上暴力和反社会的道路；欺凌者可能会进入少管所或监狱，留下一生难以抹去的污点，对今后的发展产生不良影响。让我们勇敢对校园欺凌说"不"，与身边人共度我们美好的青春时光。

同学本是共同成长、互帮互助的伙伴；校园本是我们学习做人道理、增长知识的地方；放学后本是我们舒缓心情、畅享自由的美好时光……但是因为校园欺凌，我们害怕见到同学，害怕来到学校，害怕走在上学、放学路上。

你是否经历过校园欺凌，到底什么样的行为构成校园欺凌？让我们通过下面的学习，认识校园欺凌，学会保护自己和他人。

一、辨识校园欺凌

校园欺凌包括肢体欺凌、言语欺凌、社交欺凌和网络欺凌。每一种方式都会摧残被欺凌者的身心。

肢体欺凌，如推搡、拳打脚踢、抢夺财物等，是最容易察觉的欺凌形式；言语欺凌，包括当众嘲笑、辱骂、诅咒他人等；社交欺凌，如刻意孤立他人、故意破坏同学间关系、散播他人谣言等；网络欺凌是随着网络及智能手机的普及而出现的新型欺凌方式，指在网络上发表侮辱性言论、曝光和盗用他人信息发布不实信息等，影响面较大，传播范围较广。其中言语欺凌和社交欺凌不易被察觉，容易被老师、家长误认为是"孩子之间的小矛盾"，事实上，这两种欺凌都会伤害被欺凌者的自尊心，影响被欺凌者的正常社交，导致其产生严重的心理疾病。

肢体欺凌

言语欺凌

社交欺凌

网络欺凌

校园欺凌离我们并不远。某同学表示，"我觉得自己就是到了'地狱'。"有人不顾她的感受，拿着她的私人信件在全班朗读；有人将粉笔灰、拖地水倒入她的杯子里，故意恶心她、捉弄她……"她们应该是我不自信的开端吧，就觉得自己真的什么都不是。"经历了校园欺凌的她，曾经连别人大声说话都会感到害怕，一直活在阴影中，没有自信。受欺凌的同学总会错误地认为自己是不是做错了什么，他人才会这样对待我，进而怀疑、厌恶自己,这种想法如果不加以引导甚至会伴随被欺凌者一生,导致其患上抑郁症等心理疾病,并引发胃病等与情绪有很大关联的身体疾病。如果真的受到了他人的欺凌,我们一定不要怀疑自己,而是要相信自己,同时也要勇敢面对,不要在沉默中让心灵的创伤愈演愈烈。

校园欺凌犹如病毒入侵,有些人经历后就会留下难以愈合的心灵创伤,而有些人甚至直接被夺去了宝贵的生命。

2012年7月,某校王同学忘记打扫教室,郑同学因此与王同学发生了口角,而后另有两名同学加入,用木棒、钢板等工具殴打王同学,导致王同学头部受重伤,后经抢救无效死亡。一审法院以故意伤害罪分别判处三名被告人有期徒刑2年至7年不等的刑罚。一审宣判后,被告人提起上诉,二审法院维持原判。这个案件不仅让我们感受到青少年入狱的悲哀,更让我们为年轻生命的陨落感到惋惜!倘若我们是逝者的家人、朋友,倘若我们是犯人的兄弟姐妹,我们心里会是怎样的滋味?被欺凌者受到的伤害是终身的,欺凌者也会面临法律的制裁,污点伴随一生。试问,有谁愿意与一个以欺负他人为乐的人为伍呢?没有人。对欺凌者的惩罚可能会迟到,但永远不会缺席。

⭐ 二、直面校园欺凌

校园欺凌不仅会带来身体上的伤害,还有心理上的伤害。身体上的伤可能会痊愈,但是心理上的伤害可能会伴随一生。那么,面对校园欺凌,我们如何做才能保护自己呢?

1. 肯定自己

第一时间告诉自己:这不是我的错。欺凌者可能会有各种理由,但那都不是欺凌的借口,他是想通过欺凌别人来证明他是重要的,他是有力量的,但我们不是他证明自己的工具。

2. 确保安全

若被多人围困,要运用智慧跟对方周旋,转移他们的注意力,找准时机,快速逃离现场。不要单打独斗,不要硬碰硬,如果对方索要钱财,可以先交出财物,尽量不要激怒对方。请记住,此刻我们的生命安全是最重要的。

3. 寻求帮助

寻求帮助不是软弱的表现,而是充分认识到个人力量有限的大智慧。在面对一群比

我们强大的人时，个体的力量是有限的，我们可能暂时还没有力量跟他们对抗，我们需要父母、老师或者警察的帮助。如果欺凌者的父母、朋友劝你"顾及面子""为对方的未来着想"等，也一定不要心软，倘若我们一味忍让，欺凌者将有恃无恐，给我们或他人带来更多的伤害。

4. 帮助他人

当看到有同学正遭受校园欺凌时，我们不能坐视不理，应当赶紧告诉老师或者报警。同时，一定不要产生"他被欺凌了，真懦弱"等类似的想法，或是为了自己不受欺凌便违心附和欺凌者，成为一个助长暴力的人。"雪崩之时，没有一片雪花是无辜的。"我们的视而不见可能会助长欺凌者的气焰，使被欺凌者受到更大的伤害！

三、远离校园欺凌

一旦遭遇校园欺凌，就会有伤害，这种伤害可能会长久存在。那我们要如何做才能远离校园暴力呢？

1. 自尊自信

无论别人怎么对待我们，我们都要相信自己是这个世界上独一无二的存在，每个人都有长处，我们要看到自己的优点，并大声地告诉自己，我们值得好好被爱。当我们气场足够强大时，欺凌者可能会被震慑住。

2. 强身健体

加强身体锻炼，强健的体魄会让欺凌者不敢轻易靠近。同时，锻炼身体也能磨炼我们的意志，使我们更加坚强、更加自信，勇敢面对欺凌行为，保护自己，保护他人！

3. 接纳包容

和同学相处时，我们要学会接纳和包容别人。发现同学的错误时，最好不要当着其他同学的面指出，不要为了逞一时之强而让对方难堪；面对同学无心的伤害，要温和而坚定地告诉他，他的行为伤害到了我们，但是我们不能对同学进行人身攻击、行为伤害。大多数同学在耐心的劝导下，都能够改正自己的错误行为，我们依然可以接纳他们。

4. 谦逊低调

平日在学校里，我们不应炫耀、卖弄自己取得的各项成绩；不佩戴贵重饰品，不显露自己的钱财，以免引起别人的嫉妒心理，给自己带来麻烦。

5.谨慎交友

我们结交的朋友应该能与我们相互鼓励、相互帮助、相互包容。不是所有的人都能志趣相投、互相欣赏,对于不太友好的同学,我们在保持礼貌的同时,也可以与其保持适当的距离。

校园欺凌危害无穷,给被欺凌者带来了巨大的伤害,那种痛苦、无助、绝望的感受难以消弭,而欺凌者也会受到法律的惩罚。让我们勇敢地对校园欺凌说"不",保护我们美好的青春时光!

荐 读

1.图书《你想活出怎样的人生》,〔日〕吉野源三部著。
2.电影《悲伤逆流成河》《少年的你》。

知行合一

　　小李成绩优异,深受老师、同学的喜爱;大斌在班级里拉帮结派,经常打架斗殴,同学们都避之不及。有一天,大斌叫小李帮他完成数学作业,小李以自己很忙为理由拒绝了大斌的要求,大斌怀恨在心,悄悄撕碎了小李的作业本,并表示这个周末要和小李单独聊聊,还威胁说,如果小李不赴约,以后每天都不让他好过。如果你是小李,你该如何做?

(四川省威州民族师范学校　熊丽)

第六课　与法同行，踏好青春每一步

不以规矩，不能成方圆。

——孟子

导　读

青春时光飞逝，梦想即将展开飞翔的翅膀，我们仿佛听到了自由的召唤，越来越渴望挣脱束缚，活出自我，做自己想做的事情。我们渴望自由、追求自由，但很少去想自由到底是什么，也很少去思考任性追求自由的代价是什么。其实，自由要在法律的约束下，才能给予我们真正的幸福和快乐。让我们知法守法，不去触碰法律的底线，学会用法律武器保护自己。

品　读

当我们在外就餐后因食物中毒住院花掉3000元，却因为当时忘记索要发票而找不到人赔偿的时候，我们是否意识到自己缺少法律意识？当我们被"校园恶霸"强行索要财物后忍气吞声，却导致对方气焰更加嚣张的时候，我们是否意识到自己忘了依法维权？当我们外出游玩，在景点刻下"到此一游"时，我们是否认识到自己已经触犯了法律？青春懵懂的我们多么需要法律的保护和约束！

一、懵懂的青春需要法律的守护

2018年7月，放假在家的16岁中职生陈某想通过打一份暑假工挣到下学期的学费，为父母减轻经济负担。一个朋友向他介绍某快递公司正在招聘，工资高并且工作轻松。在朋友的引荐下，该公司领导见过陈某后决定录用他，在没有对该公司进行了解的情况下，陈某与公司领导达成了口头协议，被聘为该公司员工。此后，陈某每天服从安排，认真工作，公司大多数时候收、寄的快递包裹都特别小，陈某也没有怀疑。2018年8月，警察突然来到陈某家中带走了陈某，陈某和其父母非常吃惊，表示无法接受。

原来，警方的调查显示，陈某所在的公司根本不是快递公司，该"领导"是一个毒贩，而陈某收、寄的"快递"就是大麻。由于陈某是在不知情的情况下运毒，警方依法没有追究他的刑事责任，但是对其处10日拘留，并责令其回家后由父母严加教育。

法律意识的淡薄导致陈某误入歧途，他不但未能替父母减轻经济负担，还使自己的合法权利受到侵害。青少年在社会中处于弱势地位，对社会的认知不足，缺乏明辨是非和自我保护的能力，所以容易受到侵害。我们只有认真学习法律，才能紧握法律武器来保护自己。学法、懂法、普法，不但是对自身利益的保护，更是对整个社会的贡献。

二、躁动的青春需要法律的约束

2019年4月，某校计算机专业学生刘某因为无聊在宿舍中与同学赌博，赌博过程中同学欠下刘某300元人民币，承诺一周后还给他。一周后，刘某去追要赌资，不料同学说"赌债不是债"，拒不还钱。刘某气愤不已，遂买了管制刀具尾随同学，在再次追讨没有得到钱之后，刘某持刀刺向他的同学，导致该同学当场死亡。案发后，刘某非常后悔，经审理，当地人民法院以故意伤害致人死亡罪判处刘某死刑。

这个案例令人唏嘘不已，如果这两位同学意识到赌博是违法行为就不会参与其中；如果刘某有法律常识，就该知道赌债在法律上是不受保护的；如果他和受害人都能保持冷静和克制，并对法律抱有敬畏之心，就不会酿成最后的惨剧了。归根结底，青春懵懂的我们有一颗躁动不安的心，唯有法律的约束才能让它安分守己。

三、防微杜渐，走好人生路

青春是初露的晨曦，青春是激昂的颂歌，青春是灿烂的笑容。青春伴随着幼稚，青春也意味着成长和成熟，我们要与法律相伴，才能更好地追求美好的生活。

1. 警惕祸从口出

在许多中职生矛盾纠纷或违法案件中，我们发现导致事件发生的原因往往是当事人没有养成良好的语言文明习惯。日常生活中，有的学生没有改掉说脏话、狠话的坏习惯，口无遮拦、出言不逊、出口成"脏"，开玩笑含沙射影地揭人短处、伤人自尊，又或者给别人取侮辱性的绰号，结果为自己招来祸患。

比如发生在某中职学校的一起打架事件，就是从一句话开始的。当时，男生吴某在宿舍门口拍球，不小心撞到了李某。吴某刚想道歉，李某就破口大骂："你瞎了啊？！"吴某一气之下回骂道："就撞你怎么了？"紧接着两个人就扭打在一起。

所以，培养良好的语言文明习惯，提高我们的道德素养，我们就能有效地避免冲突。

2. 制服冲动的魔鬼

青少年意气风发，个性也往往比较急躁。如果我们不善于管理自己的情绪，遇到事情不冷静、不考虑后果，冲动的情绪就会像一头失控的野兽，吞噬我们的理智，导致我们做出出格的事情。

培养冷静理智的心理素质需要我们在日常生活中养成健康的兴趣爱好，如打打球、练练字、弹弹琴，也需要学会与父母、老师、朋友沟通交流，学会释放压力。同时我们要绷紧法律这根弦，时刻警示自己，违法犯罪会让自己受到法律的严惩，也会给家庭和社会造成巨大的伤害。

3. 修筑坚固的"心理长城"

正值青春懵懂的年纪，我们对世界充满好奇，因此也容易被社会上的不良思想和不良行为所诱惑。

有的人把赌博称为"娱乐"，还美其名曰"小赌怡情"，以诱惑我们参与赌博，让我们误认为赌的金额少就不违法，导致我们渐渐沉迷于赌博。有的人打着"朋友"和"为你好"的幌子，对我们施以小恩小惠，引诱我们进出歌舞厅、网吧和台球室等，导致我们荒废学业，甚至染上毒瘾或艾滋病等。有的不法分子给我们发送不明链接，向我们传播淫秽色情的图片、视频，毒害我们的心灵，把我们引向犯罪的深渊……

成长的路上有阳光也有阴霾，复杂的社会有好人也有坏人。因此，我们要学会树立正确的人生观、价值观、世界观，在自己的内心修筑起一道坚固的防线，把不良诱惑和错误观念挡在心门之外，勇敢地向它说"不"！

除此之外，我们每个人都应该学习法律知识，增强法律意识，这样才能减少违法犯罪案件的发生，也能在关键时刻有效地保护自己。

人生只有一次,青春的时光短暂而美好,让我们认真地学法、守法和用法,走好人生的每一步。

荐　读

1. 图书《圆圈正义》,罗翔著。
2. 图书《刑法学讲义》,罗翔著。

知行合一

1. 向自己的父母和同学宣传法律知识。
2. 积极参加各大知名网站组织的法律知识竞赛。

(四川省泸州市古蔺职业高级中学　何艳平)

第七课 警惕"杀熟"的性侵害行为

先其未然谓之防，发而止之谓之救，行而责之谓之戒，防为上，救次之，戒为下。

——荀悦

导　读

日常生活中，我们每个人都会有提防陌生人的意识，但往往容易忽略那些"杀熟"的性侵害行为。受害者遇到这种情况往往会不知所措，最终身心俱伤。我们要学会发现身边的"狼"，学会辨别身边潜在的侵害者，并构建有效的防护网，保护自己。

品　读

近几年性侵未成年人的案件中，犯罪分子多是受害者的熟人，有受害人的同学、朋友、邻居，甚至是老师或亲友等。对于这些"杀熟"的"狼"，我们应该如何防范呢?

一、警惕身边的"狼"

东郭先生和狼的故事，家喻户晓，妇孺皆知。狼生性凶残，我们大可避而远之，但生活中，往往有披着人皮的"狼"，令人防不胜防。

小玉家住偏远农村，就读于县城某中职学校。为了方便，她寄住在县城赵姨家。小玉与赵姨一家相处和睦，半年来相安无事。某晚，赵姨出差，仅赵姨的丈夫王叔和小玉在家，喝醉了酒的王叔趁小玉洗澡，对其实施了性侵害。小玉羞于启齿且恐惧万

分,最终选择了沉默。此后,小玉一直惶恐难安,最终辍学。

生活中,这样的事情时有发生。2017年,26岁的台湾作家林奕含在台北家中自杀身亡,父母表示女儿因早年被补习班老师性侵而身患抑郁症,最终发生不幸;2020年,14岁四川女孩刘某,被其弟性侵后遇害。

"借我一双慧眼吧!让我把这世界看得清清楚楚,明明白白。"实施侵害行为的,不仅可能是陌生人,还可能是亲戚、朋友、老师等熟人,这些坏人带着伪善的面具,让不谙世事的我们放松警惕,丢掉戒备。我们要擦亮双眼,通过各种方法明辨其中"杀熟"的狼。比如,无论同性还是异性,当对方总是用言语刺激我们,让我们感到不舒服,甚至随意触碰我们的身体,尤其是内衣裤覆盖的部位时,我们一定要严词拒绝;如果对方变本加厉,我们要及时报警。此外,当对方故意暴露性器官或总是找借口要求独处时,我们也应当及时拒绝并报警。

"害人之心不可有,防人之心不可无。"这是处世的哲理,更是自我保护的重要准则。

二、建立防护的"网"

文明古国,素来法治安邦。泱泱中华,并无法外之地。

周日的上午,小敏搭乘邻村赵师傅的顺风车返校。时间尚足,赵师傅非要带着小敏逛县城,吃午饭。小敏很害怕,偷偷给班主任发短信求助。在老师的帮助下,小敏幸运地躲过一劫。半年后,赵师傅因猥亵多名妇女锒铛入狱。

小敏之所以能够安全脱险，是因为她高度警惕，并能够正确防范。古人云："君子不立危墙之下"，生活中"危墙"比比皆是，如酒吧、网吧等娱乐场所，小树林、幽室等僻静之地，这些都是常见的作案地点。安不忘危，乐不忘忧，我们要审时度势，细心防范，才能化险为夷。

有人成功脱险，但也有人误入深渊。

璐姐是一所中职学校的"大姐大"，16岁的思文是她的跟班，二人经常一起吃喝玩乐，形影不离。在璐姐的"热心关照"下，思文交了男朋友，连哄带吓地与其发生了性关系，并被录下了视频，之后她受不雅视频的威胁，被迫卖淫。直到母亲发现异常情况报案后，警察才最终将"璐姐"及其团伙全部绳之以法。

思文被熟人所欺骗，身心受到了极大的伤害。抹不开情面往往会将自己置于被动甚至危险的境地，学会拒绝才是长大成熟的标志。中国当代作家柏杨曾说："中国人要敢于说'不'！"把握友谊的尺度，保持适当的距离，才能产生美好。

那么，我们要怎么建立起自己的防护网，将"狼"挡在外面呢？

首先，交友需谨慎，发现不对劲要及时远离对方，不要顾及所谓的"面子"。

其次，我们要提高自我防范意识，不轻信他人。当对方提出单独出游、深夜外出等要求时一定要提高警惕，不能掉以轻心。

再次，不要轻易接受对方的礼物，并沉迷其中。熟人可能会通过特别关心、给予钱财、赠送礼物等方式讨好我们，逐渐获取信任后再提出独处等要求。

最后，只要发现对方有动手动脚的行为，我们就一定要果断拒绝，并向家人、老师和朋友求助。

让我们擦亮双眼，用智慧建起防护网，保护自己。

三、亮出果敢的"剑"

针对"杀熟"的性侵害行为，我们必须亮出果敢的"剑"，斩断罪恶之手。

在此类案件中，受害人往往反复遭受伤害，时间长，程度深，危害大，影响恶劣。这虽然有诸多不同的主客观原因，不一而足，但也存在一些共同原因。

主要原因有三。其一，受害者有自责、羞愧、恐惧的心理，认定"家丑不可外扬"，故选择忍气吞声、息事宁人，客观上助长了罪犯的嚣张气焰；其二，罪犯惯用利诱、恐吓、威胁、殴打等手段，制止受害者反抗乃至报警；其三，由于受害人报案不及时，导致公安机关证据采集困难，打击违法犯罪行为难度较大。

其实，不法分子正是因为"熟"才无所畏惧，受害人此时更应该果敢"亮剑"，最大限度地趋利避害，保护自己。

1. 亮言辞之剑

我们一旦察觉对方有挑逗言行和不轨图谋时，就应当义正词严地拒绝或警告，并速速离去。当罪犯强行施暴时，我们可能无以抗衡，但要学会运用策略，用真诚的言语、恳求的姿态感化对方，以期罪犯良心发现；如有合适的时机，也可以大声呼救，向他人求助。

2. 亮抗争之剑

当对方施暴时，在不危害生命安全的前提下，受害人要把握时机，利用身边的物品作为武器，快、准、狠地攻击对方的要害部位，找机会脱险。这种正当防卫的行为，是受法律保护的。

3. 亮法律之剑

侵害事件发生后，受害人要克服心理障碍，保留证据（如暂时不清洗私密部位，方便后续取样调查），及时报警，积极配合公安机关的调查。遭受性侵害从来不是受害者的错，切勿忍气吞声、强咽苦果，这既会助长罪犯的气焰，又会为自己二次受害埋下祸根，甚至会使更多的人受害。根据我国刑法，强奸罪一般可处三年以上十年以下有期徒刑，情节严重的，最高可处死刑。强奸罪的一般追诉时效是十年，有法定严重情节的，其追诉期为二十年。如果二十年后认为必须追诉的，报请最高人民检察院核准后，仍然可以追诉。2020年5月28日，十三届全国人大三次会议表决通过的《中华人民共和国民法典》第一百九十一条规定，未成年人遭受性侵害的损害赔偿请求权的诉讼时效期间，自受害人年满十八周岁之日起计算。

4. 亮道德之剑

道德之剑扬正气，驱邪恶。未成人本就是社会的弱势群体，需要更多的关爱和保护，而不是鄙视和嘲笑。受害人不需要物质的施舍，不需要虚情假意的同情，更不应该成为别人茶余饭后的谈资；他们需要真诚的倾听，需要理解的阳光，需要恰如其分的心理疏导。保护未成年人，一方面需要健全的法律法规的有力保障；另一方面，这也需要我们每个人勠力同心，保持警惕，并给予他人真挚的善意。

荐 读

1. 图书《生命暗章》，李怀瑜著。
2. 图书《房思琪的初恋乐园》，林奕含著。

知行合一

将自己所学的自我保护的知识与同学或朋友分享，帮助他们提高自我保护意识和防范能力。

（湖北省黄冈市红安县职教中心　李国新）

第八课　远离"艾"　拥抱爱

爱心是我们抗击疾病最好的疫苗。

——彭丽媛

> 艾滋病在全球传播日趋严重，我国已将其列为重点控制的重大传染病。艾滋病的危害非常大，如果不及时加以控制，它将威胁到更多人的身体健康。今天我们就一起来认识艾滋病。

艾滋病离我们的生活并不遥远。据中国疾病预防控制中心评估，截至2018年底，我国估计存活艾滋病感染者约125万，估计新发感染者每年8万人左右。性传播是主要传播途径。

一、认识艾滋病

艾滋病（AIDS）是由艾滋病病毒即人类免疫缺陷病毒（HIV）引起的一种恶性传染病。艾滋病病毒侵入人体，能破坏人体的免疫功能，令感染者逐渐丧失对各种疾病的抵御能力，最后死亡。目前还没有疫苗可以预防艾滋病，也没有治愈这种疾病的有效药物或方法。

艾滋病是一个社会问题，社会中的每个成员都有可能成为艾滋病的直接或间接受

害者。

1. 艾滋病对身体的影响

艾滋病病毒具有潜伏期，在感染初期，人们可能毫无症状或出现轻微流感样症状，随着病毒缓慢破坏人的免疫系统，病人可能会出现其他体征和症状，如淋巴结肿大、体重减轻、发热、腹泻和咳嗽等。若不加治疗，也可能会引发结核病，隐球菌脑膜炎和癌症等严重疾病。

2. 艾滋病对心理的影响

人一旦知道自己感染了艾滋病，就会产生巨大的心理压力。河北一位成年男性被确诊为艾滋病患者后，他的妻子和父母都拒绝他再居住在家里，也拒绝帮助他治疗，认为"他自己得病就够了，不能再传染给家人"，他也因此承受着极大的心理压力。目前，社会上一定程度地存在着对艾滋病患者的歧视，他们承受着"道德败坏"的恶名，往往被家人、朋友嫌弃，被社会遗弃，孤独无助，甚至会失去活下去的勇气。

3. 艾滋病对家庭的危害

社会上对艾滋病患者的种种歧视不可避免地会殃及其家庭，他们的家庭成员也将承受巨大的心理负担，由此极易导致家庭不和。同时，由于艾滋病病毒感染者多为青壮年，他们往往会因丧失劳动能力而失去经济收入，治疗又需要支付高额的医药费，家庭经济状况会很快恶化。艾滋病病毒感染者还可能会导致家庭成员感染病毒，进一步加重家庭负担。

二、预防艾滋病

16岁的婷婷从小到大都是一个乖乖女，却在一次体检中发现自己得了艾滋病，全家人都很震惊。直到医生询问其近期生活情况后，才推断出婷婷感染艾滋病的真正原因：婷婷曾在某小店里打过耳洞，她很可能是在那时使用了受艾滋病病毒污染的针具而感染的艾滋病！

与艾滋病病毒感染者的血液、精液、阴道分泌物、乳汁等多种体液发生交换可以传播艾滋病病毒。艾滋病病毒主要通过性接触、血液传播和母婴传播三种途径传播。

1. 性接触：艾滋病病毒可通过未保护的性交方式传播。作为未成年人，我们首先不应该发生性行为。如果因意外发生性行为，如受到性侵、迷奸等侵害后，要及时就医检查，在72小时之内服用阻断药，能大概率避免感染艾滋病病毒。

2. **血液传播**：静脉注射毒品，使用未经规范消毒的针头、注射器或其它刺破皮肤黏膜的器具，使用未经检测的血液或血液制品都可能会感染艾滋病病毒。婷婷就是因此得了艾滋病。所以，我们不能去没有卫生许可证和经营许可证的小店纹身、打耳洞等，这巨大的健康隐患可能会危害我们的一生。

3. **母婴传播**：感染了艾滋病病毒的妇女，可以通过妊娠、分娩、哺乳，将病毒传染给婴幼儿。

虽然艾滋病是一种危害极大的传染病，但如果我们能降低自身对风险因素的暴露程度，就能有效地预防艾滋病。很多人对艾滋病极度恐惧，但其实艾滋病病毒在体外环境中是十分脆弱的，很容易被杀死，我们大可不必谈"艾"色变。同时，拥抱、握手或者互用个人物品、共同用餐等一般性日常接触不会感染艾滋病病毒。艾滋病患者也是受害者，我们应放下成见和恐惧，接纳他们。

三、要爱不要"艾"

联合国艾滋病规划署在《2019年全球艾滋病最新情况——以社区为中心》的报告中透露，2018年，全球艾滋病病毒感染者约3790万人，其中约77万人死于艾滋病相关疾病。

目前艾滋病尚无有效的预防疫苗和治疗药物，但我们可以通过保持健康的生活习惯加以预防。

1. 远离毒品；
2. 树立正确的两性观念，洁身自好，降低感染艾滋病病毒的风险；
3. 生病时到正规的医院看病，注意输液、输血安全；
4. 不共用可能会刺破皮肤的用具，如剃须刀、修脚刀等；

世界卫生组织把每年的12月1日定为"世界艾滋病日"，号召全世界人民行动起来，共同对抗艾滋病。那么，我们作为普通人能为艾滋病病毒感染者和艾滋病患者做些什么呢？

艾滋病是人类的共同敌人，我们不应该歧视艾滋病病毒感染者和艾滋病患者。我国的《艾滋病防治条例》中规定："任何单位和个人不得歧视艾滋病病毒感染者、艾滋病患者及其家属。艾滋病病毒感染者、艾滋病患者及其家属享有的婚姻、就业、就医、入学等合法权益受法律保护。"我们如果发现了艾滋病病毒感染者和艾滋病患者，不用害怕，更不能看不起、排斥他们。我们不应散播他们的病情，应当关心并尽力帮助他们。

艾滋病本身并不可怕，可怕的是无知和对艾滋病的偏见，以及对艾滋病病毒感染者和艾滋病患者的歧视。放下冷漠、放下恐惧，放下偏见，把我们知道的科学知识宣传出去，化解社会对艾滋病病毒感染者和艾滋病患者的误解。我们应该给予他们更多的宽容和理解，给他们一个平等的生活环境。

预防艾滋病不仅是为了自己，也是为了自己的家庭，更是为了整个社会着想。每个人的生命都只有一次，我们在珍爱自己生命的同时也要尊重他人，远离"艾"但不远离"爱"，让爱遍及社会，让偏见消除，让生命共荣！

荐 读

1. 图书《世纪的哭泣》，[美]兰迪·希尔茨著。
2. 电影《与艾滋病同行》《中国艾滋病实录》。

请你了解有关"红丝带"的知识,并策划一场关于"预防艾滋病"的宣传活动,向周围人普及预防艾滋病的相关知识。

(山西省晋城技师学院 张爱东)

第九课　直面洪水　保护生命

大自然是善良的慈母，同时也是冷酷的屠夫。

——［法］雨果

导　读

古语道"水能载舟，亦能覆舟"，水是生命之源，但它也有凶残的一面，能让人类失去生命，洪涝灾害便是如此。洪涝灾害会给生命带来很大伤害，但是我们可以提前学习求生技巧，防患于未然，遇到灾害时保护好自己的生命安全。

品　读

1998年8月1日晚8时许，湖北省嘉鱼县簰洲湾出现溃堤险情，刹那间，洪水淹没了村庄。汹涌的水流把小江珊的家人都卷走了，最后时刻小江珊被奶奶推上了一棵树。夜里，她趴在树上，又饿又困，但她不敢睡觉，水往上涨，她就尽量往上爬。终于，第二天凌晨5时许，她被武警官兵救上了冲锋舟。

年仅7岁的小江珊在激流中坚持了9个小时，最终获救，幸免于难，这不能不说是生命的奇迹。之所以出现这个奇迹，一是她奶奶在关键时刻把她推上了树，并告诉她不要慌，等人来救；二是武警官兵及时发现了她，把她救上了冲锋舟；三是小江珊会游泳、爬树，有一些在洪水中自救的技能；四是小江珊有着非凡的毅力，在洪水中挣扎了9个小时，很多大人都坚持不住，但她却顽强地挺住了。

一、理清洪水的脾气

洪水是如此的可怕，我们是如此的渺小。作为大自然中的一员，我们要保护好自己，就需要去了解大自然，了解洪水会给我们带来什么危害。

洪水泛滥，淹没了农田、房舍和洼地，灾区人民大规模迁移，各种生物群落也因洪水来袭引起群落结构的改变，从而打破原有的生态平衡。洪水淹没村庄，大量的植物和动物尸体腐败，散发出恶臭气味，引起蚊蝇孳生和各种害虫聚集，造成环境污染，尤其是水源污染。一些城乡工业发达地区的工业废水、废渣、农药及其他化学品未能及时搬运和处理，或者个别地区储存有毒化学品的仓库被淹，也会造成污染。

洪水还会导致农作物减产，甚至造成农作物绝收，影响人类的生产生活。此外，洪水还使交通、通讯中断，破坏房屋、电力设施等，造成不同程度的人员伤亡。

洪水带给人类的不仅仅是经济损失，它还威胁着人类的生命。

二、探求洪水的到访之因

温室气体的排放，使得全球气候变暖，这导致近年来极端天气越来越频繁。厄尔尼诺、拉尼娜等现象频繁出现，这都是因为我们没有爱护大自然。极端天气使河、湖在较短时间内流量急剧增加、水位明显上升；此外，降水、融雪经坡地、河流等进入河槽，下泄形成洪水。

除此之外，人类其他活动也可能引发洪涝灾害。由于人类的过度砍伐，植被破坏严重，水土流失加剧，造成流域涵养水源、调节径流的能力降低，同时更多泥沙进入江河，河床抬高，使河道的泄洪能力降低。此外，人们围湖造田等行为同样会使得泥沙淤积，湖泊萎缩，调蓄洪峰能力下降。这样一来，雨季发生洪涝灾害的概率便会大幅增加，危害人类和其他动植物的生命。

既然知道了洪水的到访之因，我们就要"对症下药"，一定程度上降低洪水发生的可能性。近年来，国家不仅出台了相关环保政策，督促企业减少碳排放，还出资修建水库、堤坝等减缓河道压力。而对我们青少年来说，为减少温室气体排放，我们要做到低碳生活，骑车或乘坐公共交通工具出行，在家或学校要随手关灯，节约用电；而为了涵养水源，我们可以积极参与植树活动，为恢复植被出一份力。

三、直面不期而遇的洪水

2017年,一个12岁少年志愿者休憩的照片在网上发出后,迅速被多次转发。

照片中,一个戴着眼镜、留着寸头的小男孩,背靠矿泉水箱,嘴巴半张,在太阳下蜷着腿熟睡。小男孩的身上用别针别着一块红布,上面印着"志愿者"字样。当地网友称,这是绥德抗洪救灾中的"最小志愿者",他一直活跃在抢险救灾大后方。他叫胡智博,当时正在家中过暑假。洪灾过后,他就自告奋勇到救灾物资接收点报名当志愿者了。当年刚刚小学毕业的他在采访中说:"我不是小孩子了,能参与救灾,我很开心。"

这场灾难可以说是一场没有硝烟的战斗,每一个人都无法置身事外。最让人感动的是,在救灾的过程中,不管是来自四面八方的救援力量还是本地企业及普通群众,都是有钱的出钱,有力的出力,体现了群众大团结的强大精神力量。

历经磨难,我们更加坚强。抗洪救援中,涌现出了无数可歌可泣的人物、感人肺腑的故事,上至颤颤巍巍的耄耋老人,下至青春活力的少年,他们都在积极为抗洪救灾贡献自己的力量。但,更重要的是我们每个人都应未雨绸缪,学会避险。

如果没能在洪水到来前转移到安全地带,我们应及时向高地或高层楼房等就近的地方转移,或者躲在大树、屋顶等比较高的地方等待救援。假如洪水继续上涨或我们被卷到洪水中,我们要及时寻找一些能漂浮的物体或能固定住自己位置的东西,帮助自己漂浮在水面或尽量不要被冲走。要远离电线等容易漏电的物品,以免触电。当我们身处较为安全的地方等待救援时,应尽量寻找颜色鲜艳的物品吸引救援人员注意,增加获救可能。最后,洪水过后,要及时检查身体,预防各项疾病。

洪水固然可怕,但人类的意志也是强大的。关键时刻,我们要保持冷静,保持生存的希望,坚持求生,利用智慧自救并等待专业救援。平日里我们要学习求生知识,学会应对各种各样的灾害,保护我们的生命安全!

1. 图书《全民防灾应急手册》，国家减灾委员会著。
2. 电影《海云台》《水啸雾都》。

知行合一

我国时有连续强降雨天气，防汛常年不能松懈。我们应该如何预防此类自然灾害？面对洪水时，我们应该如何面对？

（黑龙江省齐齐哈尔市甘南县职业教育中心学校　刘书臣　朱晓强）

第十课　给生命上一道保险

君子不立危墙之下，焉可等闲视之。

——孟子

导　读

天有不测风云，人有旦夕祸福。为了人身安全与生命健康，为了在遭遇意外时不至于措手不及，我们需要给生命上一道保险。

品　读

你们知道有人为自己的身体部位投过保险吗？

110米栏世界冠军刘翔，曾在训练时意外扭伤脚踝，从而中断训练，当时刘翔的教练孙海平就想为他的双腿买一份特殊的保险，但是当时国内没有身体部位险，更别说双腿保险了。保险公司了解这一情况后，向中国田径队赠送了价值2亿元的保险，其中1亿元是刘翔的个人专属保险。

此外，国外也有很多体育名人为自己的身体投保，比如绿茵赛场上的大卫·贝克汉姆就为自己身体的每一个部位都投了保险；著名高尔夫运动员泰格·伍兹为自己的手臂投保；篮球巨星詹姆斯则为自己的手指投保，等等。

不仅是运动员，很多艺术家也是如此。比如著名钢琴家郎朗为自己的双手投了巨额保险；美国歌手兼舞者詹妮弗·洛佩兹为美腿投保10亿美元，其全身各部位投保总额折合人民币高达107亿元。

田径运动员的腿、高尔夫运动员的手臂、钢琴家的手、舞蹈家的腿……这些名人投保的身体部位是他们继续职业生涯的关键，如果这些部位受损，那么他们或许就再也不能继续这份工作了。因而，对于他们来说，为身体部位投保也是为自己未来人生提供保障。而对于大多数普通人来说，保险也是十分重要的，每个人都可能面临着疾病或意外事故，我们可以通过购买保险来保障我们的生命安全。

一、保险很重要

从前有个大富翁，吃的是山珍海味，穿的是绫罗绸缎，住的是金屋豪宅，但他却因患得患失而愁眉不展，经常做噩梦。神灵得知富翁的烦恼后，便建议道："现在你给我一袋金子，我保证在你遭遇不幸时，还你五袋金子。在你年老体弱时，每月都给你半袋金子。"富翁欣然同意，从此，他再也不做噩梦了。这个故事告诉我们要未雨绸缪，学会防患于未然，积极应对潜在风险，以减少损失或得到保障。

保险很重要，新冠肺炎疫情再次证明了这点。我国在新冠肺炎诊疗费用上做了相关安排：参加我国城镇居民基本医疗保险的人员，其新冠肺炎诊疗费用按照医保的相关规定予以报销和财政补助，个人不需要负担相关费用；未参加我国城镇居民基本医疗保险的人员，其新冠肺炎诊疗费用，原则上由患者个人负担；参加了商业保险的人员，按照商业保险合同的规定由保险公司支付相应的新冠肺炎诊疗费用。

从新冠肺炎诊疗费用的政策来看，没有保险的人员，只能自费进行新冠肺炎的检测和治疗，承担着心理和经济的双重压力。由此可见，生命健康需要保险。

二、保险知多少

随着社会的发展和进步，保险已经被越来越多的人接受和购买。那么，让我们一起来了解一下保险的相关信息吧。

1. 保险的分类

按照保险经营性质，一般分为政策性保险和商业性保险。

我们自己或家人生病，或买药服用，或住院治疗，病愈结算时，凡是参加城镇居民基本医疗保险的，都可以根据规定按照一定的比例报销诊疗费用。这里提到的城镇居民基本医疗保险就属于政策性保险中的社会保险。社会保险是国家中多数成员参加的，具有所得重分配功能的非营利性的社会安全制度，是一种为丧失劳动能力、暂时失去劳动岗位或因健康原因造成损失的人口提供收入或补偿的一种社会和经济制度。社会保险由政府实施，它是一种再分配制度，目的是保证物质及劳动力的再生产和社会的稳定。社会保险主要包括养老保险、医疗保险、失业保险、工伤保险和生育保险。

世界冠军刘翔获赠的保险、钢琴家郎朗等人为自己购买的都是商业性保险。商业保险是通过订立保险合同运营的以营利为目的的保险形式，由专门的保险企业经营。商业保险关系是由当事人自愿缔结的合同关系，投保人根据合同约定，向保险公司支付保险费，保险公司根据合同约定的可能发生的事故因其发生所造成的财产损失承担赔偿保险金责任，或者当被保险人死亡、伤残、患病或达到约定的年龄、期限时承担给付保险金责任。商业保险按投保对象分为两类：一类是以人的寿命和身体健康为保险对象的人身保险，如健康险、意外伤害险、人寿险等；另一类是以财产及其有关利益为保险对象的财产保险，如车辆等运输工具保险、厂房设备保险、家庭财产保险等。

2.订立保险合同的原则

在我国，社会保险的订立要遵循强制性、互济性和社会性原则。强制性是指养老保险、医疗保险、生育保险、工伤保险、失业保险等社会保险，是我国《劳动法》和《劳动合同法》强制规定的，用人单位有义务给劳动者缴纳的社会保险，不存在协商和自愿。互济性是指依据社会共担风险的原则，保险费用一般由国家、单位、个人三方负担，建立社会保险基金，通过统一调剂、互助办法，支付保险金和提供服务。社会性是指社会保险的服务对象具有社会性，服务于社会中绝大部分人。

商业保险的订立应当遵循公平互利、协商一致、自愿订立的原则，不得损害社会公共利益。除法律、行政法规规定的必须购买的保险以外，保险公司和其他单位不得强制他人购买商业保险。

三、保险要选择

社会保险带有强制性，个人不需要进行选择，但需要我们注意的是，未来工作单位有义务为我们办理相关的社会保险，这是劳动者的重要权利，我们要学会维护自己的权利。

商业保险种类繁多，投保所有险种既不现实，也无必要。因此，购买商业保险要遵循"用得上、用得起、用得好"的原则。"用得上"就指真正对自己或家人有用的保险，比如家族中有直系亲属患有血友病、先天性心脏病等遗传性疾病，那么就可能考虑给自己购买大病保险；没有社会养老保险的则可以给自己购买商业养老保险等保护自己生命健康的险种。"用得起"就是指商业保险要根据自己的收入状况购买，不能只为获得高回报而投保，不能影响自己正常的生活。"用得好"就是指保险公司能够提供优质的服务，投保人能够及时获得理赔服务。

荐 读

1. 图书《人生宜保》，聂方义著。
2. 电视剧《岁月骄阳》。

知行合一

小王是一个自由职业者，平时以给报社及期刊绘制插图为业，收入还算稳定，但是并没有与固定的单位签订劳动合同。小王的祖父和叔叔都因患肝癌去世，但其父亲和哥哥都很健康。小王想趁现在收入稳定给自己及家人购买保险。假如你是小王的朋友，你会建议小王为谁购买保险，购买什么保险？请你为小王制定一个投保计划。

（黑龙江省齐齐哈尔市泰来县第一中学　信启）

主题二
快乐生活

  我们不仅要学习语文、数学、外语等学科知识，学习解题方法和考试技巧，也要学习悦纳自我和欣赏他人，学习与人交往和沟通，学习面对挫折和调适情绪，学习歌颂和感激身边的爱……如果我们总是能够以美好的生命姿态快乐生活，就能形成健康的人格，并有足够的力量抵御风雨的侵袭。

第一课 "食"尚生活

人生归有道，衣食固其端。

——陶渊明

人们常说"人世间，唯有爱和美食不可辜负。"爱生活，爱美食，于是"吃"也成了人生的一件大事。那么，怎么吃才能远离肥胖和疾病，兼顾美味和健康，既让生活多一些美食体验，又让生命多一份保障呢？今天让我们一起来聊聊这个话题——活出"食"尚。

小小厨房，一把米，一瓢水，慢慢熬煮，饭香四溢，人间烟火温暖朴实，蕴含着治愈人心的力量。经过漫长时间，人类慢慢感悟到营养膳食的真谛。

一、你对自己的体重满意吗？

由于父母工作繁忙，某同学从初中起一日三餐都靠外卖，下晚自习后偶尔还要来顿以肉类为主的夜宵。进入中职学校后，身高170cm的他，体重已达88kg。他时常感觉自己非常疲倦，不想和同学一起参加体育运动。一天，他突然感觉右脚火辣辣得疼，还以为上楼梯时扭伤了脚，回家脱掉袜子后发现脚踝红肿得厉害。次日一早到医院就诊，发现他的血尿酸高达748μmol/L，大幅超出正常范围上限值，被诊断为急性痛风性关节炎。原来这名同学因长期摄入高脂肪、高胆固醇食物，加上运动量不足，导致身材肥胖，引发疾病。

同学们若想知道自己体重是否在正常范围内，可以用"体质指数（BMI）计算法"来判断自己的体型，它是常用来衡量人体胖瘦程度和是否健康的标准。

$$BMI = \frac{体重（kg）}{[身高（m）]^2}$$

中国学龄儿童青少年超重、肥胖复查BMI分类标准（千克/平方米）

年龄（岁）	男性		女性	
	超重	肥胖	超重	肥胖
7	17.4	19.2	17.2	18.9
8	18.1	20.3	18.1	19.9
9	18.9	21.4	19.0	21.0
10	19.6	22.5	20.0	22.1
11	20.3	23.6	21.1	23.3
12	21.0	24.7	21.9	24.5
13	21.9	25.7	22.6	25.6
14	22.6	26.4	23.0	26.3
15	23.1	26.9	23.4	26.9
16	23.5	27.4	23.7	27.4
17	23.8	27.8	23.8	27.7
18	24.0	28.0	24.0	28.0

例如，这名同学身高为170cm，体重为88kg，他的体质指数约为30.4。对照表格可知，这名同学已经属于肥胖了。此外，判断肥胖的另一标准是体脂率，体脂率是指人体内脂肪重量在人体总体重中所占的比例。正常男性体脂率为15%～18%，正常女性体脂率为25%～28%。如果超出正常范围过多，则可视为肥胖。

长期不良的饮食习惯和生活方式，不仅会导致身材肥胖，还会为成年后罹患高血压、糖尿病、心脑血管疾病、肝胆疾病等埋下"定时炸弹"。为此，医生建议青少年饮食要营养均衡。

同时，现在有些人"以瘦为美"，比如曾经引起热议的"0码身材"，很多女生为此节食、催吐、吃减肥药，将注意力过于集中在体型上，忽略了生命中的其他美好，这不仅是对身体的摧残，更会消磨精神。我们不能将自己局限在所谓的"审美标准"之中，什么是美，见仁见智。让我们正视自己的体重、身材，自信一些，均衡膳食，将体质指数维持在正常范围内，享受食物，享受生命。

二、活出你想要的"食"尚

随着时代的进步和生活条件的改善，人们越来越关注身体健康，开始追求健康饮食。那么究竟怎样才能吃出健康，吃出"食"尚呢？

1. 平衡膳食倡"三减"

没有任何一种食物含有人体所需的全部营养，因此我们平日要摄入多种食物。专家建议青少年平均每天摄入12种以上食物，每周25种以上食物。粗细粮组合，荤素搭配，保证食物多样化，最大限度保障人体营养需要。同时，我们应注重减盐、减油、减糖，坚持从食物本身摄取人体所需营养，拒绝有害添加剂。

中国居民平衡膳食宝塔（2016）

盐	<6克
油	25~30克
奶及奶制品	300克
大豆及坚果类	25~35克
畜禽肉	40~75克
水产品	40~75克
蛋类	40~50克
蔬菜类	300~500克
水果类	200~350克
谷薯类	250~400克
全谷物和杂豆	50~150克
薯类	50~100克
水	1500~1700毫升

这里给大家推荐时下流行的"211饮食法"。所谓"211"，指的就是食物搭配的原则。简单来说，就是把每一餐的食物都划分成四个拳头：两个拳头的蔬菜，每天吃不同颜色蔬菜；一个拳头的碳水化合物，如精细米面制品、粗粮杂豆、薯类；一个拳头的高蛋白食物，如乳制品、豆制品、鸡蛋、牛羊肉、鱼虾等。至于为什么选择拳头来作为食物量的衡量标准，是因为每个人的拳头大小都是与自己的体型相关的。

脑中有了"211饮食法"，面对种类繁多的食物，只取自己需要的一盘。那时候，我们会吃得更加自由，更加健康。

2. 合理烹调促健康

尽管中国人饮食传统讲究食疗、食补、食养，重视以饮食来强身养生，但传统烹饪更多追求美味，在烹饪时常常忽视食品的营养保存。中餐历经多年发展出煎炒、烧烤、焖煮等五花八门的烹调方式，使食物成为美味佳肴。与煎炒、烧烤等方式相比，蒸煮、焖炖等温和处理食物的烹调方式更能保证食物的原汁原味和营养。

3. 自己动手做美味

疫情突袭，敲响了健康的警钟。疫情期间，赋闲在家的人们开始走进厨房，提升厨艺，为家人精心制作一日三餐。朋友圈的各种花式"晒"厨艺，让我们感受到"全民皆厨"的时代已经到来。

人间烟火气，最抚凡人心。疫情让我们发现，其实照着食谱在家做饭难度并不大，这一方面符合了时下流行的"养生"需求，另一方面，我们也能从做制作美食的过程中慢慢体会到生活的乐趣。

三、一个人也要好好吃饭

"一个人也要好好吃饭，一个人也要过得精致温暖。"这是《一人食》书封上的介绍文字。这本书用直抵内心的文字、真实而感人的故事向所有在喧嚣的城市中独自吃饭的人传递一种正能量。书中20位个性十足的主人公，用他们的独家美味，向大家分享自己独特的生活方式，表达了他们对生活的敬意和热爱。

一丝不苟对待手中每一种食材，认真专注吃好每一顿饭，尽力过好每一天的田园姑娘李子柒，于2020年5月和"水稻之父"袁隆平等人受聘为首批"中国农民丰收节推广大使"。《央视新闻》表扬她："没有一个字夸中国好，但她讲好了中国文化，讲好了中国故事。"白岩松力挺她："微笑着为她鼓掌是最好的，如果我们来自民间并真的走向世界的'网红'，由一个变成几十个，变成几百个上千个，那中国故事就真的有得讲了。"李子柒的成功，不仅在于她能够烧得一手好菜，更在于她一个人也能精致温暖地活着，对自己的生命负责。

我们要告诉自己，一个人吃饭也不能随便、不能将就，食物不仅能填饱肚子，更有着超乎想象的治愈力量……从今天开始，为自己精心烹制一道菜、一碗面、一盆汤，慢慢享、细细品，照顾好自己的胃，看护好自己的心，平复负面情绪，驱散寂寞孤独，充分感受生活的幸福与美好！

荐 读

1. 图书《一人食》，蔡雅妮、张爱球著。
2. 电影《食得最健康》《揭秘食物真相》。

知行合一

请你利用周末时间给家人做一顿饭，要求列出菜单，对照"211饮食法"简要说明配餐思路，力争做到色、香、味俱全，并拍照上传。

（浙江省杭州市萧山区第四中等职业学校　吴怡娜）

第二课　忍住诱惑你的那份"甜"

真正明智的人都会为了更高尚的快乐而牺牲较低级的快乐。

——［英］葛德文

你有没有遇到在努力控制饮食一段时间后忍不住暴饮暴食一顿，过后又自责后悔的情况；或是在假期开始前制订了宏大的学习计划，而假期开始后却变成了电脑、手机、电视轮番切换，最后制订的计划都成了泡影的情况？为什么我们会控制不了自己的行为，总会屈服于诱惑自己的那份"甜"呢？

趋乐避苦是人之天性，欲望本无好坏之分，关键是，欲望将我们的生命引向何方，是让我们活得有意义还是让我们精力分散、意志懈怠，逐渐迷失方向。我们只有知己知彼，方能在日复一日的"诱惑之战"中活出自我，成为更好的自己。

一、重视诱惑之害

广袤的非洲大草原上，盛开着许多色彩艳丽、气味芬芳的野花，飞虫们总是会禁不住诱惑，停在这些花上吸食花蜜……渐渐地，花瓣合拢，飞虫失去活动能力，最终成为这些花的"养分"。人类社会发展至今，对大多数人而言，我们不需要在硝烟弥漫的战场或是在不毛之地求生，而是要在日复一日的平淡生活中抵制那些"可口美味"。

2020年热播网剧《隐秘的角落》让我们看到了三个孩子在面对诱惑时的选择。他们在景区游玩时，无意间用相机拍下一起杀人事件，但因为受到金钱的诱惑而没有报警，这导致他们身边很多无辜的人因此失去了生命，最后他们的人生也发生了改变。这样的故事只是特例，但也足以让我们意识到诱惑的可怕。

生活中，我们也会遇到大大小小的诱惑，有人因为经不起诱惑而浪费青春甚至失去未来。2006年，三名学生因受到赌博的诱惑被骗到缅甸，输掉35万元后被扣为人质；2015年，16岁的胡某因为戒不掉网瘾而心生愧疚，在离家出走11天后服农药自杀……还有无数个让人心痛的例子，有的可能只是因为没钱抽烟就选择了偷盗，没钱充值游戏就去抢劫，最后走上了违法犯罪的道路。

对于我们中职生而言，诱惑可大可小，或许是一块美味的蛋糕、一款刺激的游戏，亦或是一支烟、一次赌博……是屈服于眼前的一时之快还是忍住诱惑、树立远大的目标，最后会成就我们截然不同的人生。

二、熟知诱惑之伎

香烟盒上"吸烟有害健康"的字样扎眼醒目，但多数烟民对其视而不见。猛虎和烟草都会致命，面对前者，我们的大脑会启动应激反应机制，迅速逃跑；然而面对后者，很多人会屈服于尼古丁带来的短暂愉悦，因为吸烟的危害要在几年甚至几十年后才能体现出来。如果将不良诱惑比作敌人的话，我们需要知己知彼，方能百战不殆。那么，诱惑的吸引力因素有哪些？我们又会在何种因素作用下屈服于诱惑呢？

1. 外表诱人

诱惑是一枚糖衣炮弹，它通常能给人带来愉悦的身心满足感。随着社会的高速发展，当代中职生越来越关注自己的着装打扮是否时尚新颖，能否彰显自身品味，随之而来的攀比心理也与日俱增。殊不知，"物欲"是一个无底洞，永远无法被彻底满足。

2. 即刻满足

著名的棉花糖实验告诉我们，当诱惑近在眼前时，它的吸引力会明显增加，令人无法拒绝。追求即刻满足是青少年的心理需要，负责自控力的大脑前额叶皮质需要在成年后才能发育成熟，因此，中职生对诱惑的抵御能力存在欠缺。

3. 快乐承诺

网络游戏之所以吸引人，是因为它给予玩家的多是奖励，失败了就鼓励我们重新再来，它给了我们快乐的承诺。然而，当我们荒废学业，日夜奋战，最终赢得游戏通关后，感受到的却是怅然若失。诱惑给人的"快乐承诺"是将人一步步引向迷失自我的道路，并不能使人收获真正的快乐。

三、赢得诱惑之战

笛卡尔说"我思故我在"，拉康说"不要屈服于自己的欲望"，欲望是我们生之动力，接纳和善用诱惑之物，能让我们最终成为自己。所谓的抵制诱惑，指的是抵制我们身心所依赖和喜爱，但却会阻碍我们成为理想中的自己的欲望。那么我们该如何做呢？

1. 远离不良诱惑

某大公司高薪招聘一位总裁司机，经过层层选拔，有三位技术娴熟、经验丰富的司机入选。主考官在最终面试环节提了一个问题："请问，假如悬崖边有一块金子，你开到多近能拿到？"第一位司机说："我可以在距离悬崖两米的地方刹车，拿到金子。"第二位说："我可以距离一米刹车。"第三位司机说："我想开得离悬崖越远越好。"最终，第三位司机成功入选。

我们不要被诱惑所欺骗，而是要理智地对待诱惑，保持距离。烟酒、电子游戏等不良诱惑，始终出现在中职生的日常学习生活中，唯有抵制眼前的诱惑，方能收获属于我们的远方。

2. 适度自我激励

意志力和我们的身体肌肉一样，是有极限的，长期的努力会导致时刻精神紧绷的我们压力巨大。无论是优异的学习成绩，还是健康的体魄，都是需要长期坚持的工程，我们需要将成就自我的终极目标划分为每日的小目标，为自己的每个小进步设置一个奖励，帮助自己积蓄心理能量，调整心态。

3. 寻求人际支持

《奥德赛》中有一则神话故事，英雄奥德修斯在特洛伊战争后凯旋。在经历漫长枯燥的海上航行之后，他来到了海妖出没的石岛附近。传说海妖的歌声会令人心神迷乱，导致航船迷失方向，触礁沉没。奥德修斯想亲自聆听海妖优美的歌声，但又担心自己被海妖蛊惑。于是，他命令水手将自己绑在桅杆上，同时要求水手们用蜡堵住耳朵。不久，航船靠近了石岛，海妖身姿曼妙，歌声动人，但奥德修斯和水手们相互制约，最终海妖失败而归。

当面临巨大的诱惑时，我们可以尝试团队协作，而不是孤军奋战。心理学研究表明，将我们的目标和计划告诉他人，更有利于我们克服阻碍和诱惑，从而达成目标。不过我们要熟记，抵制不良诱惑可以借助他人的力量，但是自己才是生命航船的掌舵者。

 荐 读

1. 图书《棉花糖实验：自控力养成圣经》，［美］沃尔特·米歇尔著。
2. 电影《查理和巧克力工厂》。

 知 行 合 一

想一想日常生活中时常困扰你的诱惑，思考自己为何会反复屈服于它。制订抵制诱惑的行动计划，同时为每一次的成功制定奖励方案。

（浙江省宁波行知中等职业学校　邱燕华）

第三课 做情绪的朋友

我允许我升起了这样的情绪。我允许，每一种情绪的发生，任其发展，任其穿过。因为我知道，情绪只是身体上的感受，本无好坏。

——［德］伯特·海灵格

情绪是五颜六色的，像彩虹；情绪是千变万化的，像云朵。但我觉得情绪更像一位使者，只不过这位使者有些特殊，因为它那里有许许多多的来自我们内心的信件，传递着喜怒哀乐，记录着我们的成长。生命，因情绪变化而丰富多彩！

一、无处不在的情绪

从我们出生开始，情绪便伴随我们一生，我们时而平静，时而烦躁，时而开心，时而失落……情绪让成长中的每个瞬间都独一无二，也让生命中的不同时刻有了不一样的色彩。

我们大都经历过这样的场景：阳光明媚的操场上，我们尽情奔跑跳跃，用满身汗水换来由内而外的轻盈和畅快。科学家说，阳光能促进身体分泌血清素，运动则可以产生内啡肽、多巴胺等激素，让我们感受到快乐。因此从生理上来说，情绪表达是我们的祖先历经千百年进化出的本能。除此之外，情绪还是我们心理状态的"晴雨表"，反映着我们的需要是否被满足。

古龙在书中写道："人类的情绪，的确奇怪得令人难以解释。有时，你在一个热闹无比的场合里，往往会有着非常冷静而清晰的头脑，但是，当一切事都静下来的时候，你的思绪却往往会混乱起来。"情绪热衷于出现在我们生活中的每一个场合，与我们形影不离。但是关系紧密，并不代表我们就能读懂它。情绪需要我们耐心地解读，它提醒我们认真关注自己内心的真实感受。

二、聆听情绪的声音

快乐、欢喜等正面情绪是我们获得成就或需求被满足之后的反馈，而悲伤、焦虑等负面情绪则提醒着我们有某种需求处于未被满足的状态。但是情绪所传递的信息不会像红绿灯一样明显，它处于我们心灵深处，需要我们暂时放下急躁和愤怒，耐心地感受。

青春期的我们对人际交往十分敏感，渴望友谊却又不知如何表达，朋友的忽略或误解会让我们伤心难过。这时我们的内心传递出悲伤的情绪，提醒我们多关注内心成长的需要，我们之所以在意别人的看法，是因为我们需要别人的认可和接纳。因此不必过于苛责自己，而是要明白人际交往也是人生必修课，认真学习才能收获真正的友谊。当我们的内心传递出愤怒的情绪时，我们意识到自身的权益可能受到了侵犯，我们需要适当保护自己；当我们的内心传递出忧郁的情绪时，我们意识到自己身体的能量可能被过度消耗了，我们需要适当宣泄情绪。

所以，我们虽然把有些情绪称之为负面情绪，但它们也有积极意义，就如茨威格所说："人们在晚上讲的故事，终归都要陷入淡淡的哀愁的情绪。朦胧的夜色降落到这些故事上面，给它们蒙上层层轻纱，寓于夜色之中的全部悲哀的书，才给我们以充分的享受。"

三、成为情绪的朋友

"人有悲欢离合，月有阴晴圆缺"，情绪所传递的信息也是丰富多样的，它们能对我们的行为产生或好或坏的影响，如开心时我们更愿意帮助他人，这使我们结交到更多的朋友；而烦躁时，我们更容易因误解而与同学产生冲突，给生活蒙上阴影。因此我们时常期待快乐情绪的到来，但如果到访的是悲伤，我们又该如何对待呢？

迪士尼经典电影《头脑特工队》中，导演将快乐、悲伤、恐惧、厌恶、愤怒五种情绪分别拟人化，使他们摇身一变成为乐乐、忧忧、怕怕、厌厌、怒怒五个活灵活现的小人，陪伴在主人公莱莉左右。但他们最开始并不能和谐共处，乐乐为了让主人公莱莉远离悲伤获得快乐，她将忧忧隔离起来，不让他接近莱莉半步。但是后来乐乐才发现，是忧忧带来了意外的惊喜：忧忧让莱莉通过哭泣发泄悲伤，重新感受到家庭的温暖。因此呆萌的忧忧让乐乐意识到，原来忧忧一直都发挥着无可替代的作用。

现实生活中，我们都希望生活充满欢声笑语，通常也会把追求快乐当作生活的目标。但我们不能拒绝悲伤等情绪，因为每一种情绪都有存在的意义，它传递着我们内心深处的信息。

生命，因多样的情绪而丰富多彩，因此接纳情绪，即善待自我，善待生命。情绪与生俱来，我们无法决定其传递何种类型的信息，更无法将它囚禁或消灭，如果我们失去情绪，也就意味着我们要失去所有的感受能力。所以，要与情绪成为真正的朋友，就是要学会接纳所有类型的情绪，也正是完整的它们，才构成了我们独一无二的成长历程。

通常，我们能很自然地接纳正面情绪，那么当我们身处负面情绪之中时应该怎么做呢？面对忧伤，我们不妨痛快地大哭，或与家人、朋友倾诉，慢慢找到伤心难过的原因，让它变成人生经历；面对焦虑，我们不要躲避，而是要找到使我们焦虑的原因，尽快处理好，这既能缓解焦虑的心情，也让我们少了一个心结；面对恐惧，我们不要觉得自己软弱，因为恐惧是危险的预警，在关键时刻能很好地保护我们；面对愤怒，我们知道是它在提醒我们，当前状况并不符合我们的心意，这时我们就要思考是自己的要求不合理还是他人的为人处世方式有问题，从而解决冲突并改善人际关系……情绪就是这样一种生理本能，包含着大量帮助我们安全生存、快乐生活的信息。

所以，请不要将情绪拒于心门之外，尽情地去体验和感受吧，与它成为真正的朋友之后，我们一定能够快乐地成长。

荐　读

1. 图书《改变，从心开始：学会情绪平衡的方法》，〔荷〕罗伊·罗丁纳著。
2. 电影《头脑特工队》。

知行合一

请你回忆最近一次让你记忆深刻的事情,并扮演情绪使者给自己写一封信,仔细描述你的感受,想想这件事触动了你哪些情绪。

(河南省郑州市金融学校　杨琳琳)

第四课　拥抱快乐　一路前行

欢乐就是坚强的发条，使永恒的自然循环不息。在世界的大钟里面，欢乐是推动齿轮的动力。

——[德]席勒

我们每个人都明白，闭上眼睛，世界是漆黑的；睁开眼睛，眼前是光明的。有时候不快乐，是因为心态不够好；有时候不开心，是因为心里想太多。太阳不会因为你的眼泪，明天不再升起；月亮不会因为你有委屈，夜晚不再出现。请告诉自己，这个世界真的很美丽。你就是要这样相信着，才会在平淡的生活里找到乐趣，生活才会充满希望，你想过怎样的生活，取决于你对待生活的态度。

一、体验生活，知快乐真谛

一群学生在到处寻找快乐，却遇到许多烦恼、忧愁和痛苦。他们向大哲学家苏格拉底请教："老师，快乐到底在哪里？"苏格拉底说："你们还是先帮我造一条船吧！"于是，这群学生暂时把寻找快乐的事儿放在一边，找来造船的工具，用了七七四十九天，锯倒了一棵又高又大的树，挖空树心，造出了一条独木船。他们把独木船推下水，请苏格拉底上船，然后一边合力划桨，一边齐声唱起歌来。苏格拉底问："孩子们，你们快乐吗？"他们齐声回答："快乐极了！"苏格拉底说："快乐就是这样，当你专心地做一件事，看到成果后，快乐就会随你而来！"快乐是终点，也是过程。生活需要体验，人生需要经历，其间我们必将经历酸甜苦辣，这些都是弥足珍贵的人生财富，这样的人生才有意义。

什么是快乐？快乐是愉悦，是幸福感，也是让我们看天更蓝、看水更清的"魔力"！我们在岁月的长河中航行，只有阅尽千山万水，历经艰难险阻，才能成就更好的自己；我们在纷繁复杂的生活中努力奋斗，只有不惧世态炎凉、不畏冷落孤单，才能让自己学会坚强，铿锵前行。经过我们生命的任何人，无论是带给我们快乐，还是带给我们磨难，都是在教我们成长，都值得感恩。向着有阳光的方向走，那些黑暗与阴霾就会与我们背道而驰。选择我们所喜欢的，喜欢我们所选择的，别让平凡的生活耗尽所有的向往与激情。不甘平庸，不愿受缚，那就挺起胸膛，做个快乐且有力量的人。

二、自我实现是快乐源泉

崔万志出生时就落下了残疾，大学毕业后他在网上开了一家女装店。2012年，崔万志创立自主旗袍品牌。他亲自带着员工选料、裁剪、刺绣、缝扣，每一项工作都力求细致，力求精益求精。当自己事业越来越红火的时候，他没有忘记那些和自己一样身有残疾但渴望创业的人。他创立了蝶恋商学院解决残疾人就业问题，并指导残疾人士创业。他用贴心的服务和真诚的态度，帮助了他人，赢得了客户，实现了自我价值。

有意义的人生，能够让人们变得更加坚毅，并且会在学业或事业上更有成就，从而也会使人更加快乐。因此，我们可以说，快乐跟学历和财富并不是正相关关系，它是人们享受生命过程时体验到的内心愉悦的感受，和我们豁达的心境有关系，拥有良好心态的人更容易感受到快乐和营造幸福快乐的氛围。

著名的心理学家马丁·塞利格曼认为意义来源于归属和献身于高于自我的事物，还有塑造最好的自己。我们走入中职学校，同样可以汲取丰富的知识，依据准确的自我定位塑造自己，使自己快乐成长！

三、拥抱快乐，扬生命之帆

2020年2月，新疆援鄂医疗队登上央视新闻。新闻中，医护人员穿着厚厚的防护服，戴着口罩、护目镜，正带领方舱医院的患者们跳舞，厚重的防护装备也难掩他们曼妙的舞姿，令人赏心悦目。这便是国人对于疾病的态度——用积极向上的态度诠释我们对生命的尊重！

平凡生活难免会有不顺，谁也不能预测下一秒钟会发生什么。在这样一个瞬息万变的世界里，我们只有自强不息，才能收获丰硕的果实；只有用心实践，才能领略纷繁世界的精彩。不管生活给我们带来多少挫折与变故，只要我们怀着坚定的信念，快乐生活，人生就总有意义。

荐 读

1. 图书《快乐的人生》，［美］戴尔·卡耐基著。
2. 电影《阿尔卑斯山的少女》。

知行合一

当你在生活中遇到挫折和困难时，不妨暂时放下悲伤和苦闷，安静地想一想自己可曾从中收获到了什么，想想这段经历会给以后的自己带来何种启示。请你在白纸上写下你经历过的印象深刻的事情，并写下自己的感悟。

（青海省德令哈市青海柴达木职业技术学院　刘秀兰）

第五课　沟通架起心灵间的桥梁

与人交谈一次，往往比多年闭门劳作更能启发心智。思想必定是在与人交往中产生，而在孤独中进行加工和表达。

——［俄］列夫·托尔斯泰

人具有群居性，为了活出价值，我们不能离群索居，但是人人皆有个性，所以日常生活中与人沟通是必不可少的。有效的沟通不仅能使我们更好地认识自我，还能正确地了解对方，与对方建立信任关系，从而建立良好的人际关系。沟通是一门艺术，更是一门技术，我们可以在真诚待人的基础上，学习避免不当言行，提升自己的沟通能力。

一、沟通架起理解之桥

人与人之间的很多误会、矛盾往往源于不理解、不信任，之所以造成这样的结果，是由于缺乏真诚、及时、有效的沟通。

《吕氏春秋》中记载了"颜回攫其甑"的故事。孔子受困于陈国和蔡国之间的地方，缺粮少米，七天没吃饭了。一天，颜回好不容易讨来一些大米，便赶紧煮了。饭快熟时，孔子恰好看到颜回正用手抓饭吃，饭煮好后，颜回请孔子进食，孔子假装没看见颜回抓饭吃的事情，说："刚刚梦见祖先，我自己先吃了干净的饭然后才给他们吃。"颜回回答道："不是那样的，刚才烟灰飘进了锅里，弄脏了米饭，丢掉不好，我就抓起来吃了。"孔子听后，这才知道自己误解了颜回。

故事中，如果孔子看到颜回抓饭吃的时候就去问，那他也不用憋那么长时间了；当然，如果孔子没有用"做梦"这个事情来试探颜回，那这个误会可能就永远也解不开了，特别是如果后来颜回没有解释，那两人之间的误会肯定会越来越深。

有人说，两个人的交往，始于沟通，终于沉默。我们在与他人相处的过程中，如果没有及时地沟通，就容易按照自己的想法去揣测别人。有问题不说清楚，等到事情发生后又反应过激，言辞激烈或阴阳怪气地去指责对方，最后只能不欢而散。如果我们每个人都能将自己的想法或希望对方做到的事情提前沟通好，明确各自的想法和分工，就可以避免很多麻烦。

二、沟通不当，心生罅隙

我们已经知道了沟通的重要性，但还要学会正确沟通，尽可能避免一些不当言行，否则可能会适得其反。

战国时期思想家韩非子所著的《扁鹊见蔡桓公》中讲述了扁鹊三次进谏蔡桓公就医治病，但蔡桓公并未及时纳谏，终致病死的故事。我们暂且不去评论蔡桓公不善于听取他人意见等问题，纯粹从沟通的角度看，扁鹊与蔡桓公的沟通中存在的一些问题也值得我们思考。

首先，扁鹊没有分析沟通对象的特点。蔡桓公作为一国之君肯定有傲气，扁鹊没有站在蔡桓公的角度考虑，没有充分理解蔡桓公的感受，最后就难以顺利沟通。

其次，扁鹊在沟通时没有使用对方易于接受的话语。扁鹊初见蔡桓公就直言"君有疾在腠理，不治将恐深"，令蔡桓公大为不悦并坚称"寡人无疾"。如果扁鹊能善用委婉的话语，先告诉蔡桓公表皮的病没什么大不了的，只要用热水熨、药物敷就能够治

愈，蔡桓公应该就不会不听取建议。

最后，扁鹊没有运用必要的身体语言。真诚的微笑和友善的举止往往会让对方感到亲切温暖，并产生信任感。扁鹊第三次见蔡桓公时，却只是神色凝重地说："国君，你的病已入肠胃，再不治就危险了。"难怪蔡桓公会气得叫人把他轰走。

我们在沟通中可能也存在类似问题，比如猜测老师或同学对自己有偏见而心生不满，产生抵触行为；感觉父母不理解自己而以代沟为挡箭牌，拒绝沟通；从旁人口中得知了某些关于自己的评论，怀疑朋友对自己不忠实等。当我们遇见类似情况时，不妨从上文对孔子和扁鹊语言的分析中吸取经验和教训，学会沟通，与他人架起心灵间的桥梁。

三、沟通之桥需要技巧维护

语言沟通与非语言沟通共同组成了沟通行为，语言沟通重点在于"好好说话"，而非语言沟通的重点在于"把握细节"。沟通的具体技巧有很多，我们不妨先从以下几点做起。

1. 真诚坦率

真诚有效的沟通能够缩短人与人之间的距离，娴熟的沟通技巧可以帮助人们快速走近对方，但要真正走入对方内心，还是离不开真诚坦率的态度。

2. 学会倾听

沟通中听比说更重要，但倾听不是简单的沉默。在倾听的过程中，我们可以使用简单的语句，如"我明白""是的""有意思"等来认同对方的陈述；用"说来听听""我们讨论讨论""我想听听你的想法"等来鼓励说话者谈论更多内容。当大家意见不同时，无论是直接拒绝还是全盘接受都不是解决矛盾的好办法，有效的倾听能为解决问题奠定良好的基础。

3. 好好说话

在沟通过程中，请不要吝惜使用"您""请""谢谢""对不起"这些基本的礼貌用语，它们会像润物无声的春雨般沁入别人的心田，让人感到温暖舒心；多用询问的话以明确信息，如"现在感觉如何？我能为你做些什么吗？""如果是你，你怎么看待这件事？"等；多表达认同更容易使自己产生同理心，体会对方的情绪和想法，宽慰或鼓励对方，如"你的话有一定的道理。""我赞同你对这件事的看法。"等；而当沟通的事项较明确时，我们也需要有拨开迷雾的勇气和魄力，直接阐述有效信息，如"我的建议是……""我希望是……"等。

4.恰当的身体语言

面带微笑，会给人以积极乐观、热情开朗的第一印象；表情举止自然大方，会让人感受到你的自信，进而对你产生信任之情。我们还可以利用声音营造氛围，沉稳的语调使人感到安全，反之尖锐的声音令人烦躁。对方说话时，我们面带微笑地注视着对方的双眼，可以表达我们的尊重；当对方遇到困难，情绪低落时，我们可以用一个拥抱，轻拍几下肩膀来代替语言，给予对方关心。

揭开沟通神秘的面纱，它实则是个简单的交流过程。一个阳光的微笑、一个鼓励的眼神，几句温暖的话语都能让我们心情愉悦。让我们一起来体会沟通的魅力，建立良好的人际关系，开启生命的新征程。

荐　读

1.图书《提升你的沟通技能》，［美］艾伦·巴克著。
2.电影《国王的演讲》《激辩风云》。

知行合一

　　小明和小亮是同班同学。小明为人随和，从不与人争执，所以和同学的关系都比较好。但不知为什么，前一段时间，小亮处处和他过不去，有时候还故意在别的同学面前指责小明。

　　开始小明觉得没什么大不了的，忍一忍就算了。但是，看到小亮越来越嚣张，小明一赌气，告到了班主任那儿。班主任批评了小亮。从此，小明和小亮成了冤家。

　　你觉得小明的做法对吗？如果你是小明，你会怎样做？

（浙江省杭州市萧山区第四中等职业学校　沈建军）

第六课　我的朋友圈

先择而后交，不先交而后择也。

——葛洪

俗话说："万两黄金容易得，知心一个也难求。"当你伤心时，给你安慰；当你彷徨时，给你勇气；当你失败时，给你鼓励；这就是朋友。真正的朋友不一定与你有福同享，但一定与你有难同当。

一、人人都有朋友圈

朋友是人际交往中重要的交际对象之一。社会学家总结了朋友交往的三个要素，即朋友之间要相互接近，要有没有功利性的持续的交流互动，要相互信任。根据朋友与你的亲近程度，又可以将朋友分为以下几个层次：

第一层的朋友是那些你重点关注的人。你一想到"朋友"这个词，就会想起他，你们之间的友情不受任何东西的影响。

第二层的朋友是那些与你相处得还不错的人。他不会是你的紧急联系人，你也不会随时关注他的信息，只是偶尔联系，时不时了解一下他的近况。

第三层的朋友更像是熟人。因为各种原因，对方与你有了联系，碰面会打个招呼，节假日会发个祝福消息，除此之外生活中很少有交集。

我们一生中会遇到形形色色的人，不断结识新朋友，这些人可能结交于校园，也可能相识于生活。朋友的性格也许多种多样，但他们对待我们的心都是真诚的。当你深陷窘境时，朋友愿意带你脱离困境；当你失败悲伤时，朋友愿意为你加油打气；当你情绪低落时，朋友愿意安慰你、鼓励你。朋友是任何时候都不会嘲笑你、低看你的人，朋友是在任何时候都会耐心关心你的人。

二、朋友圈"红黑榜"

1. 红榜

春秋时期的管仲和鲍叔牙是很好的朋友。年轻的时候，管仲和鲍叔牙一起做生意。管仲家很穷，出的本钱没鲍叔牙出的多，可是赚钱后，管仲拿的钱却比鲍叔牙多。鲍叔牙手下很不高兴，责骂管仲贪财，鲍叔牙却向大家解释，并非管仲贪财，而是因为他家贫困，自己是自愿帮助他的。还有一次，他们一起去打仗，管仲躲在后面，大家都骂管仲是个贪生怕死的人，鲍叔牙听后，再次为他辩解说，管仲不是贪生怕死，他是要留着命回去照顾老母亲。管仲曾经当过三次官，每次都被罢免，鲍叔牙并不因此觉得管仲没有才能，反而认为他是没有遇到伯乐。齐国的国君想要封鲍叔牙为宰相，而鲍叔牙却极力推荐管仲，后又成功化解管仲与齐国国君之间的嫌隙，助力管仲成为宰相，而管仲也不负众望，帮助国君把齐国治理得井井有条。

《列子·力命》里记载管仲曾感慨："生我者父母，知我者鲍叔也。"管仲和鲍叔牙情谊深厚，后来便有了"管鲍之交"一词，形容交情深厚的朋友。

危难时刻见真情，真正的朋友懂得为你着想，在你遇到困难时会毫不犹豫地伸出援手，并善于发现你的优点。管仲和鲍叔牙的友谊之所以能成为千古流传的佳话，是因为他俩互助互信。如果你身边有这样的朋友，请一定要珍惜他！

2. 黑榜

小玉是一名中职生，初进校时她

乖巧听话，做事认真积极，被推选为班长。因为要与老师联系，所以小玉是班上唯一一个可以携带手机进入教室的学生。她的同桌小江平常在家就是个"手机迷"，学校严禁带手机入校，着实让小江难受，于是小江就想着法地让小玉把手机借给自己玩，最初小玉不同意，可耐不住小江的软磨硬泡，最后把手机借给了小江。小江不分时间、场合地打游戏、追电视剧、看小说，还把小玉也拉下了水。一来二去，两人成了形影不离的好朋友。一学期下来，小玉的行为习惯越来越差，成绩也一落千丈。

朋友应该是带领你积极进步的人，而不是你犯错时包庇你，对你无限纵容的人。在交友之初，我们对朋友的了解是有限的，但经过长时间交往后，我们会对所接触的人有更深一步的了解，如果发现对方有不良的行为习惯，我们应该及时帮助对方改正。

三、用心打造朋友圈

英国著名作家培根曾说："人生是有限的，有多少事情人来不及做完就死去了。但一位知心的挚友，却能承担你所未做完的事。因此，一个好朋友实际上使你获得了又一次生命。"那么，我们应该选择怎样的朋友呢？

首先，对方要思想端正、优秀上进，这是交朋友的基本原则。思想端正的人，善良正直，对人没有坏心眼，能够坦诚相见，值得交往；优秀上进的人能让我们也积极面对生活，共同进步。其次，朋友之间要互帮互助。朋友之间是相互的，重情义、愿互助的人是益友。危难时刻见真情，真正的朋友在你有难的时候一定会出手相助。但真正的朋友并不是一味赞成而不提反对意见的，当你做错事情时，敢于指出你的不足，并帮助你改正的人值得深交。此外，朋友之间应懂得相互尊重，尊重对方的隐私、喜好和习惯，不随意去揭对方的伤疤。朋友间也应宽容大度，不斤斤计较，能够包容和接纳对方。

我们结交了很多朋友，但有些时候，朋友不在于数量，而在于质量，我们可以用以下几条来判断自己交的是否是真正的朋友。

1. 友谊是否健康

健康的友谊应该建立在平等的基础上，以信任、友爱、相互扶持为前提。

2. 相处时是否舒适

朋友之间的相处是舒适自然的，如果你和你的朋友在相处时感觉空虚或压力巨大，那就说明你们的友谊出现了问题。

据此，我们可以画出一个象限图：第一象限，健康又舒适；第二象限，健康但不舒适；第三象限，不健康也不舒适；第四象限，不健康但舒适。第一象限的健康值和舒适度都是"正数"，也就说明这段友谊是积极向上的，是朋友间最好的状态；第二、四象限中分别有一个因素是"负数"，需要改善，向一象限靠拢；第三象限的两个因素均为"负数"，此时我们就应该及时反思这段关系，努力做出改变，使友谊重新健康发展。

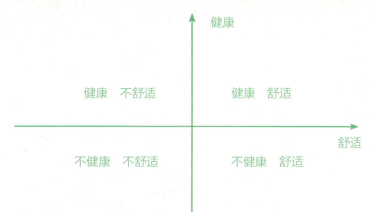

友谊是灯，照亮黑暗；友谊是河，源远流长；友谊是花，愈开愈美；友谊是酒，愈陈愈香。朋友不在于多少，而在于其中是否有良师益友。让我们珍惜真正的朋友，共度美好青春吧！

荐 读

1. 图书《你的朋友》，［日］重松清著。
2. 电影《玛丽和马克思》《追风筝的人》。

知行合一

梳理自己的朋友圈，找出曾经给予你帮助和支持的朋友，给他写一封感谢信。

（四川省双流建设职业技术学校　周小研　郑敏）

第七课　倾听生命的回声

爱人者，人恒爱之；敬人者，人恒敬之。

——《孟子·离娄章句下》

　　赠人玫瑰，手留余香。也许我们不经意间的一次举手之劳，就会在未来的某个时刻收获一份不期而遇的小感动，这就是生命的回声。

　　回声，是指声波遇到障碍物反射回来再度被听到的声音。其实这种现象也存在于我们的生活中，当我们将宽容、体谅的态度传递出去，对方感受到时，也会尊重我们，与我们友善相待，这就是生命的回声。

　　通常，我们会站在自己的立场去思考问题，比如走路的人觉得汽车开得太快，不懂得礼让行人，开车的人觉得行人走得太随意，处处礼让会使行人更加散漫；商贩觉得顾客挑三拣四，顾客觉得商贩斤斤计较……由于立场不同，双方难免产生不同看法。但是如果我们换个角度，多为对方考虑一点，或许就会收获一份惊喜。

一、真诚、善良的回声

　　2020年新冠肺炎疫情期间，武汉市一家餐厅的老板每天专门为医护人员制作800～1000份盒饭，自己开车送到附近几家医院平价出售。记者采访时，他表示："我只是做了一些力所能及的小事，不值一提。"看到这条新闻，网友纷纷留言"解封了一定去照顾生意！"随着疫情逐渐好转，网友们纷纷兑现了承诺，来这家餐厅"打卡"。这家餐厅的老板展现出了真诚和善良，在今年许多餐厅面临倒闭的情况下，这家餐厅却收获了更多食客。这就是真诚、善良的回声。

二、尊重、欣赏的回声

尊重和欣赏具有一种神奇的力量，在人与人交往的过程中，以尊重赢得尊重，以欣赏换取欣赏的故事常常发生。

有一次，一位中年男士去看望他的老师，可是老师已经认不出他了。中年男士说："老师，我就是当年在课堂上偷同学手表的那个学生，今天特意来感谢当年您对我的保护和尊重。"老师对他却还是没有印象。男士继续说："当时您让全班同学都面壁蒙眼，然后您挨个检查我们的口袋。当您从我口袋里拿出手表时，我想我一定会受到您的严厉训斥和严肃处理……但是事情并没有像我想的那样，您把手表归还给失主后，就叫我们坐回座位，继续上课。之后您不仅不再提偷手表的事，还照样鼓励我认真学习，努力奋斗。打那一刻起，我就非常感谢您，奋发学习，最终获得了博士学位，成为了有用的人。老师，您现在应该记起我了吧？"老师微微一笑说："我怎么会记得你呢？为了同学之间能保持良好关系，互相尊重，为了不影响我对班上每一个同学的印象，当时我也是蒙上眼睛来检查你们口袋的啊。"男士听完老师的话，对老师更加敬重了，也愈加欣赏老师的教育智慧。这就是尊重和欣赏的回声。在生活中，我们要学会尊重和欣赏他人，因为"敬人者，人恒敬之"。

三、豁达、暖心的回声

教室课桌上有一张画着"6"的图片，有的同学看到的是6，而有的同学看到的却是9。那图片上到底是6还是9呢？如果我们只从一个角度去看，那就只能看到一个数字，但如果我们把图片旋转180度后再看，那么就能看到另外一个数字了。图中数字既是6，也是9，关键在于我们从哪

个角度去看。这就是"双关图",看到什么取决于我们看图时的角度。所以我们千万不要随意否定别人、指责别人,不要认为自己什么都对。每个人的成长环境不同、接触的人不同、生活经历也不同,所有的这些不同会让我们的认知有所差别。我们不妨将自己想象成对方:如果我是他,我现在的心情如何,我的想法是什么,我希望对方怎么说、怎么做……

例如,在与父母的交流时,我们有时会觉得父母思想陈旧、落后,这时我们不妨将自己想象成他们的样子,以他们的角度思考问题,这样我们可能就会理解父母提出的某些要求和建议了。同样,父母也应多想想自己处在孩子这个年纪时的所思所为,那就会对自己的孩子多一些体谅。

西方有句谚语说:"用别人听得懂的语言跟他说话,你的话能入他的脑;用他自己的语言跟他说话,你的话会入他的心。"我们将心比心的举动也会换来对方的理解与释怀,这就是豁达、暖心的回声。

我们在生活中是否有过因为自己不了解对方而产生误会、冲突的情况,是否有过因为别人不理解我们而感到委屈甚至苦恼的情况?学着换位思考,我们将听到生命中更多动听的回声。

荐　读

1. 图书《所谓会说话,就是会换位思考》,[英]卡洛琳·塔格特著。
2. 电影《辣妈辣妹》。

　　假期在家,面对唠叨的父母,你会如何表现?

(黑龙江省鹤岗市第一中学　李长江　商世杰)

第八课　走出阴影　拥抱阳光

生命不可能有两次，但许多人连一次也不善于度过。

——［法］吕凯特

当你走进死胡同时，其实只需转个身，你就能找到出口；当你发现房间内一片漆黑时，其实只要打开窗，就有阳光洒进。生命是一道风景，崇山峻岭、江河湖海都不少，才能让这风景美不胜收。我们一定要学会直面压力，积极调整压力带来的负面情绪，舒缓心情，拥抱美好的青春，快乐生活！

一、自残是条不归路

前不久，山西太原的一位中学生写作业时玩手机，妈妈发现后将其手机没收，当晚十点，孩子跳楼离世。事情发生后，孩子的父母陷入了无尽的悲痛之中，孩子的祖父母也一病不起。

自残是指人对自身肢体和精神的伤害。中学生自残大致有家庭矛盾、学业压力、师生矛盾、情感纠纷、校园欺凌等原因。很多时候，青少年伤害自己的身体都是因为无法承受精神上的痛苦，只能用身体上的疼痛转移注意力，以减缓精神上的痛苦。

成长过程中，我们难免会遇到来自家庭亲友、人际交往、升学就业等方面的压力。

当我们因为各种原因陷入困境时，如果缺少外界的积极干预或有意识的自我救赎，我们就可能走进生命的"死胡同"。生命是宝贵的，每个人都只有一次。因此，我们一定要学会自我舒压，在短暂的生命中多多拥抱美好，用美好化解阴郁。

二、阴影有哪些

青少年的自残行为往往是多种原因造成的，最后因为某个"小小的事件"导致情绪崩溃，酿成悲剧。从很多自残案例来看，最直接的原因，未必是导致悲剧发生的真正原因。家长、老师与青少年之间长期缺乏沟通了解，导致青少年不良情绪和偏激想法日益加剧，这才是悲剧发生的真正原因。

处于青春期的我们思想上不易变通，缺乏有效的解决危机的方法，又不善于寻求帮助，很容易变得脆弱又固执，觉得自己遇到的事情比天大，结果一件小事就演变成了一件压垮我们精神的大事。

沉迷游戏时，对游戏中情节、人物、道具装备的痴迷，很可能会让我们忘掉吃饭、睡觉，那么你收走了我的手机，就意味着我不能玩游戏；陷入热恋中的少男少女，会把对方看得比自己的生命还重要，如果你逼着我们分手，就意味着我们无法相亲相爱；处于特别在意自己面子的年龄，我们会不顾对错、不讲方法地维护自己的尊严，要是你当着大家的面批评我，就意味着让我下不来台……

在这些事情面前，这些稚气未脱的"大孩子"会选择各种各样的方法反击，当这些方法还不能解决困境或表达愤怒时，他们就可能会走向极端——自残。其实，学习压力、感情问题、面子问题等自残理由和只有一次的生命相比，是多么微不足道！

三、寻找阳光，走出阴影

心理学家施耐德曼曾经说过："自杀不是一种怪异的、不可理解的自毁行为，进一步说，想自杀的人使用了一种特殊的逻辑思维方式，他们总是认为死是他们唯一的解决问题的办法。这种思维方式易被认识，如果我们遇到，我们就能够采取措施阻止自杀。"所以，自残行为，只不过是青少年逃避现实的一种做法。那么，当身处困境时，我们该如何顺利走出来呢？

首先，我们要尊重生命，积极地寻求解决问题的方法。当我们感到痛苦、忧伤时，可以向父母、老师和同学倾诉，将自己的不满或是忧愁表达出来，并从他们那里得到一些建议。如果这样还不能解决自己的困惑，我们要及时进行心理咨询，获得专业的帮助。出现心理问题并不是不光彩的事，它和身体生病是一样的，我们要正视心理问题，并解决它。

母亲十月怀胎才孕育了我们，我们的生命不仅属于我们个人，它还承载着父母对我们深深的爱。我们要承担起责任，积极面对问题、解决问题，珍爱自己的生命。

其次，我们可以培养一些兴趣爱好，比如阅读、听音乐、看电影、做运动等。这些爱好能充分调动我们的身体，开拓我们的眼界，激发我们的潜力。兴趣爱好不仅能丰富我们的生活，也能帮助我们强大自己的内心，从困难的阴影中走出来，更好地面对今后的生活。

同学们，生活中的困难时刻总会过去，伤害自己是一种很不理智的做法。只要我们珍爱生命、善待生命，它一定会赠予我们温暖的阳光和绚烂的风景。

荐 读

1. 图书《平凡的世界》，路遥著。
2. 电影《阿甘正传》《心灵捕手》。

知行合一

请你讲讲发生在你和亲人、朋友之间的温情故事，与大家分享他们对你的爱。

（河南省郑州市金融学校　沈杰　周子豪）

第九课　静待花开

幸福的爱情都是一种模样，而不幸的爱情却各有各的成因，最常见的原因有两个：太早，或者，太迟。

——席慕蓉

爱与被爱是人的正常情感需要，处于青春期的青少年普遍关心与恋爱有关的情感话题。爱情是人类最美、最高级的情感之一，正确认识爱的现象，走出爱的困惑，培养爱的能力，是青少年健康成长的关键。

一、解读爱的真谛

2018年一档综艺节目中一名高三男生走上天台对女同桌说："整个高三一年我都在努力学习，现在高考结束了，我想对你说，把你的高考志愿拿出来让我抄一遍吧。我想跟你一起继续加油，好吗？"楼下的女生大声回应："好！"

爱情到底是什么？每个人对爱情都有自己的见解。简单地说，爱情是男女之间基于共同的生活理想，在各自内心形成的相互倾慕，并渴望对方成为自己终身伴侣的一种强烈、纯真、专一的感情。爱情是人类最复杂、最美妙的情感之一，人们用最美的语言描绘它、歌颂它，因此很多爱情故事流传千百年而不衰。爱是一种最真挚的仰慕，是一缕最缠绵的思绪，是一生最温馨的时刻；爱是风雨同舟的信念，亦是彼此间相濡以沫的支持……

处于青春期的我们，生理上发生了巨大的变化，心理上也出现了前所未有的新体验，进入了人生发展的关键期。我们对异性充满好感，渴望接近异性，与异性同学建立友谊，这是一种正常的现象。无论是男孩还是女孩，都会对异性有好奇和心动的感觉，甚至会想入非非。虽然会有文章开头处提到的美好案例，但通常我们更容易产生"爱情错觉"，误以为异性之间的友情是爱情。

二、走出爱的困惑

青春期萌发的朦胧感情带来的不仅仅是甜蜜，还有迷茫、痛苦和烦恼。在懵懂的年岁里，我们或多或少都曾经或正在面临这样的"爱的困惑"。

1. 不恋爱就落伍？

亮亮一直很优秀，学习成绩在班级名列前茅，参加学校各项文体活动也屡屡获奖，深受老师的器重和同学们的拥戴。一个各方面不如他的同学，和他发生了一点小矛盾，当着全班同学的面指着他说："你神气什么呀！虽说你这也好、那也好，我就问你，我有女朋友，你有吗？你呀，早就落伍了！"当着大家的面，亮亮一时有点下不来台。"为了出这口气，更为了不落伍，我也找个女朋友给他看看，我一点都不会比他差！"亮亮心里暗想。

亮亮的念头在某种程度上代表了一部分同学的想法。有的同学看到周边的朋友谈恋爱了，想到自己单身也要赶紧恋爱才行，不然就会显得自己落伍了。

但恋爱是为了寻找志同道合、白头偕老的终身伴侣，而不是为了寻求刺激，争得面子的。如果只是为了排解寂寞，为了不做单身，为了"不落伍"而恋爱，这种缺乏责任感的想法并不是我们与异性相处的正确态度，更不是真正高尚的爱情。

2. 友情？爱情？傻傻分不清楚

炎热的夏季，小夏发现同桌小婷总是会给他带一瓶冰饮料，不由地猜测小婷可能是喜欢上了自己，想通过这种方式表达喜爱之情，于是他开始注意小婷的一举一动。后来有一天，同学之间聊天的时候，小夏听见小婷说："这学期多亏了小夏和小莉，我的英语水平提高了不少，看来每周的饮料没白买啊。哈哈哈……"这下，小夏才明白，原来小婷并不是只给自己送饮料，也并不是喜欢自己，但好在之前小夏也并没有莽撞地询问小婷，所以在"饮料风波"之后他们还是好朋友。

异性间的友谊，是一种合理的情感需要，有助于青少年个性的全面发展。然而，由于青春期学生过于敏感和富于想象，不少同学在与异性交往过程中不清楚友谊和爱情的界限，常将两者混淆，影响学业，心理也受到困扰。

爱情是深层次的友情，友情是爱情的初级阶段，但并不是所有的友情都会发展为爱情。爱情只能在同一时间给一个人，而友情却可以在同一时间给不同人。泰戈尔曾经说过："友情意味着两个人和世界，然而爱情意味着两个人就是世界。"爱情具有排他性、冲动性和专一性，而友谊则不具备这种特点。友谊与爱情同样都是人类高尚的情感，两者仅有一字之差，却永远相邻。

三、培养爱的能力

处于青春期的我们确实会对异性心生爱慕，我们不必否认"怦然心动"的存在，这是人之常情。但是爱情不只是互相爱慕这样简单，它是爱慕、理解、责任、能力等很多因素的集合体。如果只是沉迷于甜言蜜语、花前月下，没有志同道合的理想、为了美好未来共同努力的信念、彼此之间的包容理解，那么这份爱将是肤浅的、脆弱的、不成熟的。所以，我们要学会培养自己爱的能力。

1. 识别爱的能力

爱的能力有多个层面，首先是识别爱的能力。雪华数学不好，班里的一位男同学就帮助她补习数学，这是朋友关系。可是雪华认为："这个男生无条件地帮我，他肯定爱我。"这说明雪华无法区别什么是朋友之情，什么是爱慕之情。作为学生的我们可能会崇拜比我们成熟的老师，有的同学会误把这份崇拜当作爱情。认识自己内心世界的情感，其实也需要智慧。拥有了识别爱的能力，你就会知道什么是真正的爱。有识别爱的能力的人，是自信也是尊重他人的人；有识别爱的能力的人，能够主动扩大交友范围，自然地与他人交往，体会他人的感受。

2. 拒绝爱的能力

有一天，晶晶在课本中发现了一位同班男同学写给她的纸条，大意是说他很喜欢她，愿意和她深入交往。看到纸条，晶晶的心怦怦乱跳，脸上红扑扑的。晶晶对那位男生并无特别的好感，只是把他当作同学，想要拒绝，却不知从何下手。

怎样才能培养拒绝爱的能力呢？我们可以从以下三个方面着手：第一，善意理解对方的爱意，尊重他人、尊重自己；第二，掌握恰当、适度的拒绝方式，不要让人难堪或心生恨意；第三，准确无误地表达自己的拒绝之意，切不可含含糊糊，贻误他人，也使自己烦恼。

3.正视爱的能力

如果真的对某位异性产生了爱慕之情，我们应该怎么处理这份感情呢？其实，我们完全可以接纳自己这份美好的情感，守护在心中，将这份爱慕之情视作动力，努力学习，提升自己。为了喜欢的人做出努力和改变，常常会既有效又快乐，也许正如罗伊·克里夫特所写的那样："我爱你，不光因为你的样子，还因为，和你在一起时，我的样子。我爱你，不光因为你为我而做的事，还因为，为了你，我能做成的事。"如果能将喜欢转化成为美好未来共同努力、共同进步的动力，或许几年之后，两个人都足够优秀、足够成熟时，就可以自由自在地享受爱情之花的芬芳。

世间万物各有时节，过早地成熟，就会过早地凋谢。友情之花盛放的季节并不适合爱情之花盛开，它需要更多的责任感和更强大的能力来浇灌才能开放。让青春期的我们与同窗好友一起奋进拼搏、一起欢笑嬉戏吧，让我们慢慢长大，慢慢变得独立，慢慢懂得承担责任，那时我们也将收获美好的爱情之花。

荐 读

1.图书《友情集》，沈从文著。
2.电影《怦然心动》《同桌的你》。

知行合一

如果你觉得自己喜欢上了一个人，那么请思考以下几个问题，也许你会有一些新的发现。如果你还没有对任何人有好感，那么这些问题也许会对以后的你有帮助。

1.我了解这个人吗？他有哪些优点和缺点？
2.我为什么喜欢这个人？他最吸引我的地方在哪里？
3.我有哪些闪光点可以吸引他的注意？

（安徽省阜阳市皖北经济技术学校　张利君　任效龙；四川省攀枝花市建筑工程学校　周节）

第十课　我是世上的独一无二

你应该庆幸自己是世上独一无二的,应该把自己的禀赋发挥出来。

——[美]戴尔·卡耐基

大千世界,芸芸众生,每个人都是独一无二的存在,世界也因此而更加精彩。我们要认识自己、悦纳自己,相信天生我材必有用;也要欣赏、接受他人的不同,团结合作,共同创造美好的世界!

⭐ 一、接纳自己,笑对人生

在电视节目《经典咏流传》的舞台上,凤凰传奇倾情演绎了李白的《将进酒》,当他们唱出"天生我材必有用"的时候,台下的观众沸腾了,人们齐声高唱,那铿锵有力的歌声和那忘我的境界,就是自信的表现!李白就是这样乐观自信的人,不管是得意时的"仰天大笑出门去,我辈岂是蓬蒿人",还是失意时的"天生我材必有用,千金散尽还复来",他都能接纳自己,笑对人生。

小鑫由于中考失利,进入了一所职业学校。他曾一度很自卑和内疚,觉得辜负了父母的期望。他情绪低落地对父母说:"爸妈,我对不起你们,没能给你们带来荣耀,我是一个没出息的孩子。你们要个二胎吧,让弟弟或者妹妹来弥补我带给你们的遗憾。"父母怜爱又认真地说:"傻孩子,你就是你,谁都替代不了你!记住,你很重要!"

之后小鑫牢牢地记住了父母的话,意识到这世界上并没有一种评价标准适用于所有人,每个人都能通过努力变得更好。他振作精神,很快投入到学习中去,每个学期都被评为"优秀学生"。毕业后,他在企业里很快成长为技术骨干,展示出了中职生的风采,也成就了自己精彩的生命。

世上没有完全相同的两片叶子,每个人都有优缺点,不要妄自菲薄,也不要盲目羡慕别人,而要正确认识自己,悦纳自己。

二、认识自己,成就人生

歌曲《小小的我》里面有这样几句歌词,"我是山间一滴水,也有生命的浪波;我是地上一棵小草,也有生命的绿色。"即使是一滴水,也有激起波浪的能力;即使是一棵小草,也有为春天增添生命力的能力。我们要有一双善于发现的眼睛,发现自己的长处,将它发扬光大,助我们成就自己。

小康是某技师学院烹饪专业的学生,他很小的时候父母就因病去世了。由于缺乏家人的关心和照顾,起初,他的学习习惯和生活习惯都很不好,班主任在他的身上付出了很多心血。慢慢地,小康开始懂得老师的良苦用心,认真学习,并发现了自己在烹饪上的天赋——味觉灵敏,之后他顺利从学校毕业,找到了一份满意的工作。

若干年后的一天,班主任接到了一个加微信好友的请求,此人正是小康。此时的他已经是厦门某知名食品公司的企划负责人了,更难能可贵的是,他还长期资助贫困生,是一位爱心人士。

其实像小鑫、小康这样的学生,在职业学校还有很多。他们曾一度迷茫,一度因偏见被贴上了"差生"的标签。然而现在,他们很多人都已经成长为各行各业的精英,是社会的有用之才。他们就是"天生我材必有用"的最好阐释!

想要实现个人价值,我们首先要学会认识自己。我们可以通过他人对我们的夸奖来初步判断自己的优点,比如老师经常称赞我们写文章条理清晰,那就说明我们自己的逻辑思维能力较好;其次,我们也可以通过自己的兴趣爱好等发现自己的优势,可能是运动能力出众,也可能是计算机使用熟练,还可能是善于人际交往;如果一时没有发现自己的长处,我们也不要着急,认识自己本身就是一个漫长的过程,这时我们就需要不断学习,在学习的过程中逐渐发现自己的长处。

三、悦纳他人，生命共荣

尺有所短，寸有所长。每个人都有自己的长处和短处，学会欣赏他人是一种正确的态度，也是一种高尚的情操。

著名的《将相和》故事中，廉颇善战，蔺相如善谋。廉颇一开始总是拿自己的长处和蔺相如的短处比，很看不起他，还在外面说了很多不好听的话。蔺相如却总是假装没听到，路上遇到廉颇也是绕道走，从未和他发生过冲突。别人问起缘由，蔺相如只是说："我们俩都是赵国举足轻重的人物，是国家的栋梁之才，如果闹起矛盾，敌人就会乘虚而入，国家的安全将会受严重影响。"廉颇得知后此事羞愧不已，背上荆条到蔺相如家里请罪。从此，两人成为了好友，一文一武保卫国家的安全，携手建设国家，成为流传千古的佳话。

悦纳自己很难，悦纳他人更难。然而正是因为难，才显得弥足珍贵。正是因为个体的差异，世界才能如万花筒般丰富多彩；正是因为人与人之间的互相理解和包容，我们生活的环境才会如此和谐美好。

因此，我们要正视自己，悦纳自己，也要欣赏他人，和谐相处，一起共造美好的未来。

1. 图书《少有人走的路》，［美］M·斯科特·派克著。
2. 电影《伯德小姐》《乌云背后的幸福线》。

请你仔细思考，写出自己的十条优势，并说说你能发挥这些优势做些什么。

（浙江省衢州市工程技术学校　何绍英）

主题三 成就生命

　　成就生命，首先是做更好的自己，树立远大理想、养成积极心理品质、增长才干与智慧；成就生命，还要有更高的追求，那就是成就他人，奉献社会。当他人因为我们而更加成功时，当社会因为我们而更加文明时，当世界因为我们而更加美好时，我们的生命就会熠熠生辉。

第一课　生命的灯塔

一心向着自己目标前进的人，整个世界都给他让路。

——［美］拉尔夫·瓦尔多·爱默生

哈佛大学曾开展一项历时25年的跟踪调查，研究对象是一群智力、学历、环境等条件都差不多的年轻人，最后这些研究对象中仅有3%的人成为了社会顶尖成功人士。究其原因，这些成功人士有一个共同点，他们都曾定下清晰而长远的人生目标。由此可见，要想获得成功，我们需要一个清晰可见的目标，它可以成为我们奋勇向前的动力，是我们生命的灯塔！

一、寻找生命的灯塔

我们过去获得的成就并不是最重要的，想清楚自己将来想获得什么成就才最重要，有了目标，就像是有了生命的灯塔，内心的力量才会找到方向。漫无目标的飘荡，最终只会迷失航向而永远达不到成功的彼岸。我们要学会规划自己的人生，一步一步向目标指引的方向前进，帮助自己获得成功。

目标是什么呢？目标是我们的目的和方向，是"我到底想要什么"。理想说起来可能比较虚幻，目标则更强调实践。我们可以尝试列出自己的人生目标清单，一般包括以下五种：

1. 事业目标

即我有什么远大理想，我想做什么样的事情，我想达成什么结果，我为实现理想做过什么，准备为实现理想做些什么。

2. 家庭生活目标

家庭是心灵的港湾，是实现事业目标的归属，实现事业、家庭和谐发展是大多数人毕生的追求。

3. 健康休闲目标

身体是革命的本钱，离开了身体健康一切都是妄谈。我们可以列出自己的健康休闲计划，为身心放放假，让人生航行更多姿多彩。

4. 人际关系目标

人是社会性动物，无法脱离社会交往，如果不能妥善处理人际关系，事业、家庭情况可能都会变得复杂，这甚至会让我们举步维艰。

5. 学习成长目标

法国的保罗·朗格朗曾说："未来的文盲，不再是不识字的人，而是没有学会学习的人"。而今科技飞速发展，知识加速更新，如果我们不努力学习，就会被社会淘汰。

除此之外，还有其他多种目标，比如爱心慈善目标、阅读目标等，目标可大可小，但都能让我们的人生有更清晰的方向。

二、灯塔指引方向

一个心有梦想的人，总能走得更远；一个心有目标的人，总能干得更好。

心理学家曾做过这样一个实验：随机组织三组人，让他们分别向着十公里外的三个村子进发。第一组人既不知道村庄的名字也不知道路程有多远，他们被告知只要跟着向导走就可以了。刚走出两三公里，就有人开始抱怨；走到一半时，有人发火想要放弃，大吼着"为什么要走这么远""什么时候是个头"。越往后，他们的情绪就越低落。

第二组人知道村庄的名字和路程的总距离，但是一路上没有里程碑，只能凭经验来估计行进的时间和距离。走到一半的时候，大多数人想知道他们已经走了多远，当中比较有经验的人告诉他们："大概走了一半了。"于是，大家又充满干劲地向前赶路。结果行进到路程的四分之三时，队伍里有人小声抱怨起来，觉得疲惫不堪，而道路似乎不见尽头，直到有人说："就快到了！"大家才再一次整理好心情，加快步伐。

第三组人，不仅知道村子的名字、路程，而且公路旁每隔一段都有一块里程碑，人们一边走一边看里程碑，大家越走越有动力，甚至唱歌庆祝。途中，即使偶尔有人抱怨有点疲惫，大家也能马上调整过来，用笑声和歌声驱赶疲劳，他们很快就到达了目的地。

你看，当我们没有目标或者目标不明确时，就可能失去动力；当我们有明确目标时，就会不断比对现有成果和既定目标之间的差距，从而增强信心，超越自我，顺利到达彼岸。

三、绘制生命的蓝图

网络上有这样一句流行语：没规划的人生叫拼图，有规划的人生叫蓝图；没目标的人生叫流浪，有目标的人生叫航行！

我们要扬帆起航，实现自己的目标，首先得设计好自己的蓝图。

我们设计蓝图的前提是要立足当下，展望未来。要敢于做梦，梦想有多远，未来就有多广阔。同时别忘了，我的起点在哪里，目前的优势与劣势分别有哪些，认清当下，从现在出发。

设计目标最实用的方法是"以终为始"，即从终极目标反推回去，将目标逐级分解，从计划长期目标开始，直到计划这周甚至是今天的目标；然后再从完成今天的小目标开始，一个一个地完成所有目标。

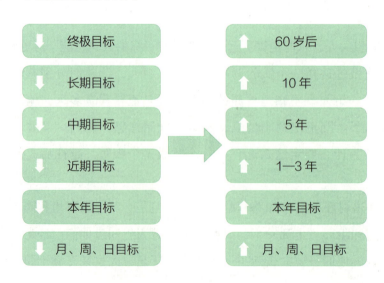

设计自己的终极目标，一般可以分为四步。

第一步，我打算怎样度过美好的一生。在纸上写下一生中最想做的事情，越详细越好。

第二步，我打算怎样度过今后五到十年。在纸上写下未来几年最想做的事情，越详细越好。

第三步，我打算怎样度过生命最后的六个月。假设自己六个月后将不幸离开人世，在纸上写下今后六个月内自己最想做的事情，越详细越好。

第四步，挑选出三个规划中共同的部分，确定我的终极目标。

想要绘制出一份适合自己的蓝图，设计目标时还需要了解一般性原则。彼得·德鲁克在《管理的实践》一书中写到设定目标的五项原则：具体性、可衡量性、可实现性、相关性、时效性。我们可以用五原则实现目标的具体化，如：

具体性	可衡量性	可实现性	相关性	时效性
我要提高沟通能力	结交100个新朋友	每周至少主动找2位陌生人沟通	与事业相关	2021年12月30日
我要成为一名幼儿教师	获得教师工作	考到相关教师资格证 每学年去相关学校实习	与事业相关	2024年6月30日

因此，以上两个目标分别为：我要每周主动找2位陌生人说话，在一年内结交100个新朋友来提高自己的沟通能力；我要考到教师资格证，每学年去相关学校实习，获得教师工作，实现"我要成为一名幼儿教师"的目标。

美国现代成功学代表人物安东尼·罗宾曾说："知道目标，找出好的方法，起身去做，观察每个步骤的结果，不断修正调整，以达到目标为止。"当然，我们不能过度规划。成功的人生需要规划，但过度规划往往会束缚我们的发展。社会在不断变化，我们在不断成长，在成长过程中我们的思想、观念都会发生变化，所以我们为实现目标而设计的蓝图也可以变化更新。

让我们立足当下，沿着生命灯塔的指引，把握生命的航向，乘风破浪不断前行，去创造自己的美好人生。

荐 读

1. 图书《管理的实践》，［美］彼得·德鲁克著。
2. 图书《高绩效人士的五项管理》，李践著。
3. 电影《扭转乾坤》。

请运用文中学到的方法设计自己的蓝图。

具体性	可衡量性	可实现性	相关性	时效性
我要……				
我要……				
我要……				60岁

（四川省成都市中和职业中学　田雨　蒋小红）

第二课　规划引领人生

不为明天做准备的人永远不会有未来。

——［美］戴尔·卡耐基

人生就像是一条有着无数个路口的道路，稍不留神就会迷了路。面对纷纷扰扰的选择，面对路边充满诱惑的风景，只有明晰自己的目的地，手握"地图"才能勇往直前。这"地图"就是自己的职业生涯规划。

一、规划点亮人生

布鲁诺和帕保罗得到了一份梦寐以求的工作，就是把山上的泉水运到山下缺水的村庄里，按桶收费。布鲁诺非常满意这份工作，为了赚更多的钱，他购买了更多的水桶，增加了往返的次数，收入也增加了不少。而帕保罗却不怎么乐观，他觉得这样下去，他的身体会吃不消，继而影响他以后的工作和生活。于是他有了一个想法，他一边送水以保证目前的生活收入，一边从山顶往村庄建一条水管，水管建成后，他不用花费很多力气就可获得很高的收入。但是布鲁诺反对这个想法，他觉得目前能过上很好的生活，没有必要想太多。于是，在帕保罗辛苦建造水管的时候，布鲁诺过上了很好的生活。几年后，帕保罗的水管建好，无论他是否工作，他都会有源源不断的收入。而布鲁诺的身体却越来越差，运送的水也越来越少，收入也随之减少。

我们更愿意成为谁呢，是布鲁诺还是帕保罗？他们都有目标，也愿意奋斗，但布鲁诺少了规划。要成就未来的自己，我们现在就必须要做职业生涯规划。规划着眼于未来，努力于当下，不让当下的精力浪费，也不让未来走偏。弄清楚要做什么、怎么做，这就是职业生涯规划。

二、人生不能"瞎子摸象"

没有前期的规划和相应的行动，帕保罗也不可能获得成功。清晰合理的规划可以让我们保持积极主动的态度，有计划地去发展自己，还可以挖掘出自身潜力，从而让我们事半功倍。

相反，没有清晰的规划可能会让我们虚度光阴，缺少学习、工作的动力，得过且过，随波逐流，浑浑噩噩度过一生。某校烹饪专业毕业生小峰选择了市场营销一行，他先是在一家电商公司做文员，不到半年，又换到一家酒店当大堂经理，后来又到了另一家电商公司做市场推广员，一年换了三份工作。找工作时，小峰虽然有不少工作经验，看似适合很多工作岗位，但是又很难达到某个职位的具体要求。对于未来的发展，他一筹莫展，这就是没有职业规划导致的。没有目标，不能有针对性地培养自己某方面的才能，走一步看一步，最终只会碌碌无为。

我们如果没有规划，就像瞎子一样，什么都看不到，不知该往哪儿走，也就哪儿都到不了。人生只有一次，我们不能"瞎子摸象"。

三、画好人生设计图

凡事预则立，不预则废。建造高大宏伟的楼房，第一步就是画图纸。人生要成功，也需要先画好一份"图纸"——职业生涯规划。那么这份图纸该怎么画？

1. 知己知彼，精准定位

我们想要取得成功，确定适合自己的职业，首先就必须对自己、对环境有清楚的认识。

知己，即了解自己的兴趣、性格、能力等。选择职业时，可以选择自己喜欢做的，擅长做的。

请问：如果他事先知道自己离水源这么近了，还会放弃吗？

  图中人没有事先勘查，不了解地质构造和地下资源情况，最终失败而归。所以，了解外部环境也很重要。知彼，就是要充分了解你感兴趣的职业，比如图中的男子事先就应查好资料，了解水源的具体位置和深度，之后再带好工具，开始工作。对于我们来说，我们可以充分利用网络资源，提前了解一些职业的具体工作内容、薪酬待遇等，再认真比对它们的差异。

  例如，烹饪专业的小峰可以通过"3+专业技能课程证书"考试考上本科院校，提升自己的专业知识。小峰父母是开小饭馆的，可以为他提供实践场所，同时，其所在城市的餐饮行业有很好的发展前景。这些外部环境为他目标的确定提供了参考依据。要制订合理的职业生涯规划，我们需要分析自己的专业、家庭资源和所在区域行业发展情况。

  通过对自己和理想职业的了解，我们就能综合分析实际情况，从而精准定位，确定具体的职业规划。"我喜欢画画，也擅长设计，性格较为严谨细致，同时我学的是平面设计专业，我所在的城市对这个专业的人才需求非常大。所以，平面设计师是我的职业目标。"这是一位中职生的自白。这段分析结合了兴趣、性格、专业、行业，综合考虑得出了目标，这就是准确的自我定位。

  2. 细化调整，落实行动

  《花开不败》一文讲述了学生职烨的奋斗经历——她从高三开始时的年级第190名一点一点地努力，最终考上了复旦大学。高三开始，她抱着"每考一次，前进50"的念头，认真规划自己的学习进度。而后来的事实也证明，正是由于当初这种积极的心态，她才有了努力的动力，才使不可能的事逐渐闪现出希望的曙光。经历了一次次的考试，每次的实际分数和原先设定的目标分数之间的差距对她是一种刺激，别人的分数和自己的分数一比较又是一种刺激，而几次分数排成的总趋势则是最大的刺激。职烨在这些刺激中渐渐变得越来越沉稳，也越来越坚强。

一次次的考试和试卷分析成了她生活中的主要内容。算时间做卷子、订正、分析，根据错题再做练习，反反复复。每天背多少单词，每天做几张考卷，都是她给自己定下的小目标。就在攻克一个个小目标的过程中，她的成绩稳步提升，最终实现了那个看似不可能的目标——考上复旦大学。

这就是细化。目标逆推法，就是细化目标的好方法。我们制订计划时要遵循"近细远粗"的原则，近期计划要详细，长期计划可以粗略。

当然，实施计划的过程中，内、外部因素都可能发生改变，导致原定计划无法实现，这就需要我们调整计划。就像鲁迅弃医从文一样，他本决心学医救国，因为外部环境发生了改变，他感到国民精神上的麻木比身体上的疾病更为可怕，于是调整了自己的规划，弃医从文。

2019年热映的电影《哪吒之魔童降世》中有一句话：我命由我不由天。如何"由我"？由我自己规划，也得由我自己奋斗。再好的规划图，也必须动工才能变成高楼。

我们想要执行规划，必须勤于自查，善于请人监督，遇到问题及时调整规划，养成"今日事，今日毕"的习惯。我们也可参照下表，督促自己完成计划。

监督时间	×年×月×日	填表时间	×年×月×日
本周计划	是否完成	没有完成的原因（若前项为"是"，则此项不填）	需要改进的地方	计划需要调整的地方
1……				
2……				
……				

河流奔赴大海，虽蜿蜒曲折，但它锲而不舍；小草破土而出，虽力量弱小，但它坚韧不拔；我们想要获得成功，道路可能崎岖坎坷，但我们可以挥汗奋斗。青春的光辉、生命的意义其实都在于此，有目标，有计划，向前冲，因为"我命由我不由天"。

 荐 读

1. 图书《我的生涯手册》,吴芝仪著。
2. 电影《当幸福来敲门》《跳出我天地》。

请你按照文中内容制订一份你自己的职业生涯规划。

(广东省深圳市第二职业技术学校　王睿　刘丹娜)

第三课　掌控你的人生

登峰造极的成就源于自律。

——［日］松下幸之助

　　自律是控制人生航向的风帆，我们足够自律，才能掌控自己的人生；自律是实现人生理想的利器，我们足够自律，才能紧追目标，成就自我。那么，自律到底是如何影响我们的人生的呢？我们如何才能做到自律自强呢？

　　我国古代杰出的思想家和天文学家许衡生于乱世，有一年夏天，他跟随众人逃难，由于天气炎热，众人纷纷去路边摘梨解渴，许衡却静坐在树下。有人不解地问："何不摘梨解渴？"许衡答曰："不是自己的梨，岂能乱摘！"那人笑其迂腐："世道这么乱，梨树哪有主人！"许衡正色道："梨树虽无主，难道我们的心也无主了吗？"许衡的做法就是自律的体现。他在没有别人监督时，也能自我约束，不做违背道德规范的事。自律是人对社会规范、道德准则等的自觉认知，并能以此为基础进行的自我约束。自律是一种可以习得的品格，每个人都可以获得自律品格。那么，我们为什么要自律呢？

一、生活中的自律表现

作为新时代的中职学生，我们应该自觉遵守《中等职业学校学生公约》，约束自身言行，从身边的一点一滴做起，成为一名有理想、有道德、有文化、有纪律的社会主义建设者。

在我们的学习和生活中，自律表现在自修课时认真学习，考试时不作弊，生活中不随地扔垃圾或吐痰，捡到贵重物品立即上交等方面。自律约束着我们的言行，让我们变得更加优秀。张馨予是四川省某职业学校护理专业的一名学生，学习上，她自觉努力、勤奋刻苦；生活中，她勤俭节约，待人诚恳有礼貌；学校、班级管理工作中，她以身作则，自觉遵守校纪班规，同时她热心参与志愿活动，积极帮助他人。她立志成为一名优秀的护理工作者，她说："我相信只要我们自觉约束言行，行为举止得体，努力学习，就能实现自己的理想。"正是因为高度自律，她取得了许多成绩，最终获得了2016年全国"最美中职生"称号。

张馨予就是从身边的小事做起，严格要求自己，慢慢培养了自律的品质，努力实现自己的人生目标。我们也要向她学习，不轻视身边的小事，牢牢掌控自己的人生，让自律成为我们奋斗路上的助推器，帮助我们实现人生理想！

二、自律成就人生梦想

东晋书法家王羲之从小痴迷于书法，而且非常刻苦。据说，他家门前有一个池塘，他天天蘸着池水磨墨练字，字写完了就在池塘里清洗笔和砚台，日积月累，池塘的水都染成了墨色。他说"若不端严手指，无以表记心灵"，正是这种高度自律的品质，使他成为了千古闻名的"书圣"。

钟南山院士小时候很顽皮。有一次他将父母给他交伙食费的钱偷藏起来自己买东西吃，后来父亲知道了，他以为父亲一定会打他。可是父亲却没说太多，只是说："南山，你想一想，这么做是不是很不诚实？"父亲的这句话，让他明白了什么叫讲老实话，做老实人。此后几十年，钟南山院士都自觉坚守着"讲老实话，做老实人"的信念。2003年抗击"非典"战斗中，钟南山所在的联合攻关组，没有盲从其他机构先行做出的病因判断，而是坚持科学精神，宣布冠状病毒的一个变种可能是非典型肺炎的真正原因，为抗击"非典"赢得了时间；在疫情面前他不光敢言，他也敢做，"非典"时67岁的他说："把重症患者都送到我这里来。"2020年疫情期间，84岁的他说："武汉现在很危险，没有特别紧要的事不要去武汉。"然而他自己却坐上了去武汉的高铁。在生活中，钟南山院士也高度自律，即使工作繁忙，他每周都会抽出三四天，每次锻炼40～50分钟，偶尔还会跑个5公里。因此，尽管已经84岁高龄，钟南山院士仍旧精神矍铄，再一次为我国公共卫生事业发展做出了贡献。

也许有人会想他们都是名人，只有名人才能拥有良好的自律品格。其实恰好相反，正是因为自律，他们才成为了杰出的人。自律是一种可以习得的技能，我们每个人都可以拥有自律品格。

三、养成自律品格

养成自律品格并不难，我们可以从以下几个方面进行学习。

1. 学习科学知识，树立正确的价值观念

作为新时代的中职生，我们肩上背负着民族复兴的重任。自律首先体现在热爱祖国、热爱人民，拥护中国共产党的领导上。无论什么时候，我们都要牢记自己是一名中国人，把国家利益放在首位，自觉约束自身言行，这是自律的前提。其次，我们要将知识学习与实践锻炼结合起来，在生活中锻炼自己的意志力，认真学习职业道德与法律知识，明辨是非，对于违法犯罪的人或事应该坚决抵制，做到言行一致。

2. 合理规划，制定明确的人生目标

明确、合理的人生目标具有积极的导向作用。2020年对藏族女孩斯朗巴珍来说无疑是难忘的一年。受疫情影响，学校延迟开学，为确保学习进度，学校开展了线上教学活动。斯朗巴珍家住西藏昌都，四周雪山环绕，网络信号极不稳定。为了上课，她每天都要步行30分钟去家后面的雪山顶上寻找网络信号。斯朗巴珍觉得坐下来进入课堂学习的那一刻她才感到安心。其实，疫情期间像她这样的学生还有很多，他们都有明确的目标，想要通过自身努力走向更广阔的世界。目标明确的人，更能严格要求自己，向着目标努力前行。

3. 自我承诺和奖励

自律是一种自我约束力，它依靠的是我们自身的意志力。因此，当我们做到了严格要求自己，可以给自己一点小奖励，让自律行为得以强化。比如说，当我们决定要减肥，要求自己"管住嘴、迈开腿"时，我们可以承诺：体重每减轻2斤就给自己买个小礼物。当达到"减轻2斤"这一目标时，我们就可以兑现"买礼物"的承诺。

当然，这只是一些辅助方法，要想养成自律品质，让我们受益一生，关键还需要我们长期保持坚定的意志力。意志力坚定的人更容易养成自律品质，良好的自律品质对意志力的提高也有促进作用，它们都需要我们在生活中慢慢培养。让我们赶快行动起来，培养自己坚定的意志力和自律品质，掌控我们的人生吧！

荐　读

1. 图书《越自律，越自由》，晚情著。
2. 图书《自控力》，［美］凯利·麦格尼格尔著。

知行合一

2020年，许多学校开展了线上教学活动。你的同学小张觉得在家上网课最好"摸鱼"了，老师看不见也管不到，于是一边上课，一边玩游戏，还邀请你跟他一起玩，你该怎么做呢？

（四川省广元市利州中等专业学校　李小蔓）

第四课　责任成就英雄

这个社会尊重那些为它尽到责任的人。

——梁启超

导　读

英雄的事迹不仅鼓舞人心，也推动着社会进步。人们敬重英雄，不仅仅因为英雄们在其领域取得的成就，更重要的是，每一位英雄都承担着责任，为他人奉献、为社会奉献，甚至牺牲自我。我们每一个人的心里，都有一个英雄梦，都想成为一名受人尊重的英雄，成就自己生命的精彩！

品　读

一、责任：成就生命的精彩

2018年5月14日早上，四川航空由重庆飞往拉萨的3U8633航班在万米高空发生重大险情：驾驶舱玻璃突然破裂，驾驶舱瞬间失压，气温降到零下四十摄氏度，机组副驾驶半个身子被吸了出去，大量机载自动化设备失灵，飞机随时都有坠落危险。在生死存亡关头，机长刘传健临危不乱，带领机组人员果断应对，正确处置，最终飞机安全备降成都双流机场，挽救了全机人员的生命。3U8633航班成功备降，在航空界引起了轰动，欧洲空客公司甚至调整了飞行手册，按照刘传健机长的操作设计了新的规范流程。

刘传健机长能够成功处理如此重大的高空险情，说明他有着过硬的心理素质和专业技术，但我们也不能忽略，他对乘客生命高度负责的态度。正是因为他牢记作为机长的使命和责任，心系乘客，才能在平时的训练中刻苦努力，掌握过硬的飞行本领，在危难关头做到淡定从容，果断应对。这不仅成就了"英雄机长"的精彩，同时也让这些被挽救回来的鲜活的生命有机会实现他们的精彩！

二、责任：我们一起来担当

责任是一种职责和任务，是社会成员需要遵守的法律法规、道德规范、职业要求或是对他人的承诺。它伴随着人类社会的出现而出现，有社会就有责任。在社会的舞台上，每个人都承担着特定的责任。那么，作为当代中职学生，我们肩负着怎样的责任呢？

家庭责任：人生就像一个舞台，我们在家庭中扮演着不同的角色，孩子、父亲、母亲、丈夫、妻子、兄弟、姐妹……每个角色都有自己的职责和义务。首先，只要我们有家，那么我们就必须承担家庭责任；其次，承担家庭责任，是一个情感交流的过程，是一个无私奉献的过程，这需要我们每一个人都有对家的归属感和责任感。作为子女，我们的责任就是要成为一名听从长辈教诲、尊老爱幼的好孩子。未来，当我们成为丈夫或妻子时，就要承担起保护伴侣、赡养长辈和养育下一代的责任，维护家的温暖，延续人类的存在。

社会责任：中职生首先是要树立正确的人生观、价值观和世界观，这不仅仅是党和国家对我们的殷切期望，也是我们个人成长的需要。只有树立正确的价值观，我们才能攀登得更高，飞得更远！同时，我们要遵守社会规范，在学校做一名尊敬老师、遵守校纪校规的好学生，在社会上做一名遵纪守法的好公民。

三、责任：成就英雄的钥匙

我们每个人心里都有一个英雄梦，但我们不要被英雄取得的成绩和荣誉迷惑，认为他们天生就是当英雄的料，其实我们更应该看到，英雄都有一个共同特点——肩负责任，这就是我们成为英雄的钥匙。

第一，珍爱生命。现在有些人，遇到不开心、不如意的事情就会抽烟、酗酒、自残，甚至放弃生命，这种不爱惜自己身体、不爱惜自己生命的方式就是一种极端不负责任的表现。韩信忍胯下之辱终成不世之功，越王勾践卧薪尝胆，创造了以少胜多、以弱胜强的战例。人生之路很漫长，一时失意并不能代表什么，只有爱惜自己身体、珍爱自己的生命，对自己生命高度负责的人，才有最终成为英雄的机会。

第二，养成承担责任的习惯。我们应该认真对待生活中的小事，做人、做事认真负责，不需要他人监督。只有把承担责任变成自己的一种生活习惯，我们才不会觉得责任是一种负担。

第三，善于发现自己的问题。学习成绩不好，怪老师教得不好；和同学吵架，怪同学不理解自己；工作没找好，怪社会不公平；甚至找不到对象，怪自己的父母没有给自己一个显赫的身世……其实我们在社会中，一定会遇到各种各样的问题。一遇到挫折、困难，就去找别人的原因或是找外在原因，这就是一种"甩锅"行为，是不负责任的表现。绝大多数成功的人，除了能够把握机会、充分挖掘自己的潜力外，还懂得发现自己的问题，弥补自己的不足，不断改变自己去适应环境。

第四，勇于承担过错。当我们做错事时，承认错误是一种负责任的表现，而承担错误所造成的后果更能考验我们的勇气。"人非圣贤，孰能无过，过而能改，善莫大焉。"只有不断改正错误，我们才能不断成长。

最后，热爱自己的工作。俗话说，干一行，爱一行。无论从事什么样的工作，我们都要努力追求"爱岗敬业、追求卓越"的工匠精神。绝大多数的英雄，都是因为在自己的行业做出了非凡的成绩而受到了大家的尊重，我们只有热爱自己的工作、精于自己的技能，才有可能实现自己的英雄梦。

现在，我们每个人都有机会获得这样一把钥匙，这把钥匙会赋予我们勇气、智慧和力量。同学们，让我们用实际行动去开启成为英雄的大门，成就我们生命的精彩！

1. 图书《赢在责任心，胜在执行力》，何飞鹏著。
2. 电影《中国机长》《烈火英雄》。

知行合一

想想自己平时有哪些不负责任的行为，然后梳理自己当下最需要承担的几条责任，然后请老师和家长帮忙修订。未来请努力去承担这些责任！

（四川省成都市礼仪职业中学　张易）

第五课　我想要怒放的生命

信心是命运的主宰。

——［美］海伦·凯勒

导　读

每个人的生命都是一朵花，沉睡的花种、稚嫩的幼芽、含苞待放的花骨朵、微微开放的小花、完美绽放的繁花，这些都是人生不同的生命状态。那么，你的生命是怎样的状态呢，你想要如花般怒放的生命吗？让我们通过学习，掌握自信的本领，绽放出属于我们的光彩。

品　读

一、自信的秘密

如果生命是一朵含苞待放的花，那自信就是催促生命之花绽放的养料；如果生命是一条驶向远方的船，那自信就是生命之船上扬起的风帆；如果生命是一本内涵丰富的书，那自信就是生命之书上沁人心脾的语句；如果生命是一首优美动人的歌，那自信就是生命之歌中动人心魄的旋律……

简单来说，一个人做事情时认为自己能把事情做好的这种能力就叫自信。自信的秘密就在于自信建立于我们对自我以及事物的正确认识和估量上。自信不是夜郎自大，不是孤芳自赏，更不是得意忘形，过度的自信就会变成自负。

二、自信使生命之花更美丽

爱迪生曾说:"自信是成功的第一秘诀。"自信是成功的基础,它能够激发人的意志力和无限潜力。拥有自信的人,不自卑、不自弃,遇到挫折不轻易言败,敢于把一切困难踩在脚下,积极地去追求、去探索。

"自信人生二百年,会当水击三千里"的自信教会我们勇于奋斗;"天生我材必有用,千金散尽还复来"的自信教会我们肯定自我;"山重水复疑无路,柳暗花明又一村"的自信教会我们不轻言放弃;"沉舟侧畔千帆过,病树前头万木春"的自信教会我们顺势而为。

2019年10月1日,火箭军方队第一次在中华人民共和国成立70周年阅兵式上亮相,其中有一名士兵,他面带自信的笑容,手握钢枪,英姿飒爽地出现在火箭军方队里。他叫成翔,曾是晋城技师学院机械工程专业的一名学生。入学之初,他和其他同学一样,承受着中考失利的痛苦、迷茫,没有方向。在老师的鼓励下,他正确认识自我,发现自己的长处,重新树立了自信。凭借对运动的喜爱以及良好的身体素质,他在二年级时就成为了新生军训教官,并获得了军训会操一等奖。当兵后,他凭借阳光自信的性格和坚韧不拔的毅力,成为了阅兵方队中光荣的一员。

每个人都会遇到困境,只有扬起自信的风帆,坚定地相信"我能",才能不断提升自我,驶向成功的彼岸,赢得辉煌灿烂的人生。作为中职生,请相信自己,在自信阳光的温暖下,你也会像成翔一样,悄然绽开美丽的生命之花,拥有最美好的青春!

三、培养自信,绽放生命

自信会给我们带来力量,带来希望。那么,我们该如何培养自信,让生命之花完美绽放呢?

1. 比比长和短，认识自我

正确认识自我是自信的前提。充分了解自己的长处和短处，才能做到不盲目自信。和身边的好朋友或同学比较一下，可以比身材，也可以比学习成绩、比特长……通过比较，找到自己的长处和不足，明白"尺有所短，寸有所长"的道理。

2. 画朵自信花，悦纳自我

正如哲人所说，这个世界上没有两片相同的叶子。从认识自己开始，认清优势进而发挥优势，接纳缺点进而弥补短板，这正是自我完善的关键一步。

悦纳自我是自信的关键。学会发挥自己的优势，挖掘自己的潜能，我们就能变得更加自信。画朵独一无二的自信花，花心是自己的姓名，花瓣是自己的优势，让自信之花从容绽放。

3. 学习知识技能，提升自我

提升自我，才能让自己更自信。作为中职生，我们学习能力越强、知识越丰富、技能越精湛，就越容易克服困难，越容易提升自我。在解决困难的过程中，我们的自信心也会越来越强。

4. 敢于承担责任，实现自我

敢于承担责任，是对自信的最好考量。在学习之外，我们还必须学会承担责任，慢慢成长，慢慢提升自信，在一次次承担责任的实践中，让自己越来越有价值。

5. 传递正能量，赞美他人

某技工院校的一个"差班"，同学们大多缺乏自信，生活没有目标，学习缺少动力，特别容易受外界影响而改变自己。为了帮同学们找回自信，班主任想到了"优点大轰炸"这个办法：每周班会，全班同学一起对一名同学进行优点描述，被"轰炸"的学生要鞠躬大声说"谢谢"。全班同学，人人有份，轮流进行。在自信的滋养中，同学们像花儿一样，慢慢绽放：被夸赞的同学通过别人找到的优点重新认识了自己，重拾信心；同学们也学会了欣赏他人，团结合作，班级气氛活跃了起来。自信之花绽放在每位同学的心头，他们变得努力上进，积极参加各种活动，班级也从"差班"变成了"好班"。

赞美他人，才会让自信更有力。我们每个人都是集体中的一员，要学会欣赏同伴，把自信的能量传递给别人。这样，既能帮助他人提高自信，也能造就和谐的人际关系，让自信之花开满班级，开满校园。

同学们，自信起来吧，让自信浇灌你的生命之花，让你的生命从此怒放。请闭上眼睛，感受自信，聆听花开的声音。

荐 读

1. 图书《自信的秘密》，[美]罗伯特·安东尼著。
2. 电影《放牛班的春天》《勇敢的心》。

知行合一

小活动：收获"糖果"

将全班同学分成若干个小组，指定一名组长。

每人准备好纸条、笔、收纳盒，每小组准备计时器。在规定时间内，把小组任何成员（一人或多人）的优点写在小纸条上，并轻轻揉成纸团，做成糖果的样子。

把"糖果"投到对应的人面前的收纳盒中。

整理各人面前的"糖果"。

由组长组织各位成员分享自己收到的"糖果"内容，投放"糖果"时的心情以及收到"糖果"时的心情等。

感受"糖果"带来的自信。

（山西省晋城技师学院　刘佳）

第六课　技能点亮人生

劳动者素质对一个国家、一个民族的发展至关重要。技术工人队伍是支撑中国制造、中国创造的重要基础，对推动经济高质量发展具有重要作用。

——习近平

进入职校就读后，你是否因为中考失利而自卑迷茫过？其实获得技能和学习知识同样重要。作为一名职校生，坚持学习技能，培养对技能的热爱，在新时代的产业大潮中，一样能搏击风浪，书写青春，点亮人生。

很多学生认为，进入职业学校读书，意味着前途渺茫，意味着自己的人生没什么价值和希望了。其实，"条条大路通罗马"，职校生锐意奋进，掌握了一技之长，同样也可以为自己开创一片广阔的天地。

一、没上高中，青春就此结束？

"中考失利的我怀着失落、郁闷的心情，进入了一所不起眼的职业技术学校。在校期间，我一直抱怨自己的命运。上课无精打采，下课沉默寡言，走路低着头，总是觉得别人总是在嘲笑自己。"

"因为中考没考好，加上家庭经济条件的影响，我被迫选择了一所职业技术学校。

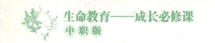

此后，每次碰到在重点高中读书的初中同学，自卑的感觉就会悄悄在心头弥漫，我总觉得矮人家一截。"

"在我读职业技术学校的几年中，我一直在试图克服自卑心理。我不愿意告诉别人我在哪里读书，因为如果我告诉别人我在职业技术学校读书，总感觉自己要比别人低几个档次，有些抬不起头。"

很多职校生，可能都有上述的想法和感受。社会上也的确存在不少对职校生的偏见，认为他们是"看不到前途的孩子"。其实职校生和别人一样，都需要得到社会的尊重和认可。在书本里学知识和在实践中积累经验，只不过是每个人不同的发展方式。一个人能否走得更远，并不是由这个人的学历决定的，而是由他的专业技能和职业素养决定的。如果你也是一名迷茫的职校生，也许以下故事会对你有所启发。

二、技能成就世界冠军

杨金龙出生于云南省保山市的一户普通农民家庭。2009年，他初中毕业，由于家庭条件有限，15岁的他选择了不需要缴纳学费的中职学校继续求学。"当时是想着尽快学一门技术，找到工作后可以减轻家庭负担。"杨金龙回忆道。

上学期间，他痴迷于喷漆技术，常常为了攻克一个技术难题而在实训车间待到凌晨。在老师眼里，杨金龙喜欢刨根究底。他表示，自己有点倔，做一件事情就要做到最好。"以前的手工艺人都是工匠，追求精益求精，我们这代人要把这种精神传承下去。"

在校期间，能吃苦、肯钻研的杨金龙获得了浙江省职业院校汽车运用与维修汽车涂装一等奖，全国职业院校汽车运用与维修汽车涂装二等奖等成绩。2012年毕业后，杨金龙顺利进入一家汽车4S店工作，凭借出色的专业技术，他的工资一路上涨。

即使有了稳定的工作，杨金龙依旧没有放弃对专业技术的追求。2014年，当母校杭州技师学院邀请他回校参加世界技能大赛国内选拔赛时，他毅然辞去工作返回学校训练。长达一年半的高强度集训极为枯燥，也正是在这个过程中，他逐渐体会到工匠精神的内涵，最终在国内选拔赛喷漆项目中荣获第一名。

2015年，杨金龙参加了在巴西举行的第43届世界技能大赛并获得了金牌，为我国实现了该赛事零金牌的突破。颁奖仪式上，杨金龙身披五星红旗，非常激动，他既为国家争光，也证实了自己的专业能力。

回国后，杨金龙获得了很多奖励，成为浙江省首位"特级技师"，被授予浙江省五一劳动奖章。

记者问他如何理解工匠精神，他说："工匠精神就是喜欢自己做的事情，一直投入地做，把事情做精为止。"杨金龙还表示，能获得这么多的殊荣出乎意料。"这足以说明，当下国家如此重视技能人才，年轻人靠技能立业的大好时代已经到来。"他认为，社会尊重技能人才是技能人才蓬勃发展的基础。

三、技能闪耀的青春最美丽

过去很多人认为职校生文凭低、素质差，做技工"低人一等"，然而今天的中国，比历史上任何一个时期都更需要一支高素质技能人才队伍。中职生也许现在还不太出众，但只要"咬定青山不放松"，努力学习，勤奋钻研，完全可以为自己开创出一片广阔的天地。

为了练就一技之长，实现职业生涯的成功，职校生在校阶段就需要为生涯发展做好充分准备：

1. 乐于学习

很多学生以为读了职校后就不用再学习了，但在知识更新异常之快的时代，人人都需要不断学习。职校生既要学习专业技能，也要学习文化知识，提高自己的专业素质和文化修养，为成为"高精尖人才"打好基础。我们要端正学习态度，明确学习目标，把学习当作乐趣，而不是任务。

2. 善于思考

孔子曰："学而不思则罔，思而不学则殆。"一个人在学习和工作中能否有所作为，与其是否思考有很大关系。对职校生来说，想要练就一技之长，成为技能创新人才，就必须将学习和思考结合起来，在学习中思考，在思考中学习，才能让自己掌握的知识和技能得以沉淀，最终升华。仅仅知道某项技术是怎么操作的还不够，我们更要思考它为什么是这样操作的，在思考中，我们会对这项技术有更深刻的了解，从而将它掌握得更加扎实。

3. 勤于实践

专业技能的练就不仅要靠理论学习，还需要不断地实践，在实践中提高自己的专业能力。例如，我们可以在假期积极寻找实习机会，在实践中不断提升自己的技术。专业技能是职校生将来立足岗位、走向社会所需要的关键能力。掌握专业技能，才能实现自己的不可替代性，有益于日后自己的职业发展。

职校生从学校毕业后，通过自己的劳动和智慧，或成为技艺高超的工艺设计师，或在飞翔于万米高空的民航客机上担任空乘，或成为管理酒店的优秀员工。只要勤奋努力，只要心怀热爱，我们每个人都能成长为各自行业的有用之才，进而实现个人理想和人生价值，用技能闪耀青春，用技能谱写人生的华彩篇章。

荐　读

1. 图书《中国古代的工匠》，曹焕旭著。
2. 图书《工匠精神：缔造伟大传奇的重要力量》，［美］亚力克·福奇著。

知行合一

读完世界技能大赛冠军杨金龙的故事后，你有什么感想？当亲朋好友对职业学校抱有偏见，当身边同学对读职业学校没有信心时，你会如何来回答他们？试着根据自己的兴趣和特点，结合自己的长期目标，给自己制订一份职业生涯规划。

（浙江省杭州技师学院　李婷）

第七课　小工匠　成大器

人的思想是了不起的，只要专注于某一项事业，就一定会做出使自己感到吃惊的成绩来。

——[美] 马克·吐温

　　曾几何时，工匠是中国老百姓日常不可离的一份职业，木匠、铜匠、铁匠、石匠等各类工匠穷其一生专注于做好一件事，用他们精湛的技艺造福老百姓。如果把工作看成一种修行，那么将毕生岁月奉献给一门手艺、一项事业，是一种什么样的精神？我们又该怎样去做呢？

　　《诗经》有云"如切如磋，如琢如磨"，这反映出古代工匠在切割、打磨、雕刻玉器时反复琢磨、精益求精的工作态度，这种严谨认真、追求完美、"一生一事"的精神就是工匠精神。史书上记载一颗果核上能雕刻出栩栩如生的人物，当代微雕大师能在头发丝上刻出诗句……究其成因，皆为工匠精神。时至今日，无论是"两弹一星"、载人航天工程取得的辉煌成就，还是高铁、飞机的设计与制造，都体现出我们对工匠精神的继承与发扬。工匠精神，是专业专注的态度，是勤勉钻研的执著，更是追求卓越的时代精神。尚未走出学校大门的我们，该如何理解和践行工匠精神呢？

一、身边的工匠精神

著名诗人席慕蓉曾说:"我总觉得,生命本身应该有一种意义,我们绝不是白白来一场的。" 2017年9月,中考成绩并不理想的付成程同学来到江苏省盐城机电高等职业技术学校就读。入校后不久,在老师的鼓励下,他参加了学校的智能家居项目组集训队,并代表学校参加全省技能大赛。尽管他很努力,但第一次比赛的结果跟预想的成绩存在巨大差距,使整个团队差点与全国选拔赛擦肩而过。但一时的失利并没打消他勇往直前的劲头,而是让他更加刻苦地训练。为了提升自己的速度和精准度,他每天编写程序到深夜,任务紧张时一天只睡三四个小时。由于训练太投入,有时说的梦话都是关于训练的事。在日复一日的磨砺中,他的每一个动作都精确到了秒。

有志者,事竟成。在团队的不懈努力下,付成程及其所在团队用智慧和汗水在切磋竞技的舞台上取得了优异成绩,先后荣获2017、2018年全国职业院校中职组智能家居安装与维护、网络布线项目一等奖,他也并被评为"2018年盐城市最美中职生"。付成程用自己的行动诠释了努力与拼搏的意义,并用行动告诉每一位走进职校大门的学生,只要心存梦想,自强不息,我们一样会拥有精彩的人生。

二、工匠精神化解危难

电影《中国机长》的上映,给我们带来了极大的震撼,我们被他们的敬业精神深深打动。《中国机长》讲述的是2018年5月14日四川航空3U8633航班刘传健机长带领机组人员在挡风玻璃破碎的情况下,顺利完成"翻转机身""见缝插针""穿云躲山"等高难度动作,将机上全体人员从极度危险的环境中平安带回陆地的故事。电影主角的原型刘传健机长在常人无法想象的恶劣环境中,靠毅力掌握方向杆,凭手动和目视,完成了民航史上"史诗级"的备降。新闻报道中,几句"操作得当""安全着陆""备降成功"的话语看似平淡,实则是一名优秀飞行员专业素养的百炼成钢。同时,也正是因为3U8633航班整个机组的"工匠们"将日常枯燥的训练工作做到了极致,才拥有了娴熟的技艺,及时控制险情,避免了坠机事故。

　　时代需要工匠，时代也能造就工匠。虽然并非所有行业都需要面对极端危险的情况，但是每个行业、每个岗位都有特定的职责，只要我们在平凡的岗位上把自己分内的事做到完美，简单的事情重复做，重复的事情坚持做，以不服输的勇气脚踏实地去探索、去追求，我们亦可以实现自己的人生理想。

三、工匠精神成就人生

　　2018年10月24日港珠澳大桥正式通车，这是世界上最长的跨海大桥和最大规模的桥岛隧集群工程，也是中国交通史上技术最复杂、建设要求最高的工程之一，被英国《卫报》誉为"新世界七大奇迹之一"。这是新时代桥的故事，更是人的故事，在浩瀚的伶仃洋上，有这样一群人，他们在喧嚣中坚守着内心的宁静，对工程安全质量有着一种近乎偏执的追求，他们用劳动和汗水诠释着工匠精神——精于工、匠于心、品于行。

　　在这片热土上，这样的工匠还有很多很多，从学生到学徒，再到技工，到最后成为名副其实的"大国工匠"，他们用多年的奋斗、用自己的技能成就了一段不平凡的人生。

　　将来我们走出学校大门，可能只是大树上的一片叶，大海中的一滴水，超级工程的一颗螺丝钉，我们的身影何其渺小，但只要我们带着汗水与热血、带着力量与责任、带着追求与梦想，我们也会成为"大国工匠"，也会在"国之重器"上留下不朽的印迹。

荐 读

1. 图书《工匠精神：开启中国精造时代》，曹顺妮著。
2. 图书《匠心：追寻逝去的工匠精神》，巩佳伟、于秀媛、张丽丽著。
3. 图书《飞向太空港》，李鸣生著。

知行合一

采访你身边具有工匠精神的亲朋好友或是邻居，记录他们的故事，并谈谈自己的心得体会。

（江苏省盐城机电高等职业技术学校　王峰）

第八课　奉献也是一种幸福

仅仅一个人独善其身，那实在是一种浪费。上天生下我们，是要把我们当作火炬，不是照亮自己，而是普照世界；因为我们的德行倘不能推及他人，那就等于没有一样。

——［英］莎士比亚

> 赠人玫瑰，手留余香。一个人价值的实现往往在于奉献而不是索取，只有通过奉献得到的快乐才是真正的快乐，因为奉献能为他人带来温暖，创造幸福。

一、追寻榜样，传承奉献精神

"学习雷锋好榜样，忠于革命忠于党。爱憎分明不忘本，立场坚定斗志强……"同学们，你们是否熟悉这首歌？这首《学习雷锋好榜样》不仅旋律激昂，歌词也十分振奋人心，感染了一代又一代的人。

歌曲中的主人公——雷锋，相信大家并不陌生，他是我们的楷模，他是时代的英雄，也是民族精神的传承者。雷锋原名雷正兴，他因公殉职时年仅22岁，思之令人惋惜。但他从未虚度生命的每分每秒，而是在短暂的生命里绽放了无限的精彩。他热爱祖国，乐于奉献，全心全意地把自己有限的生命投入到无限的为人民服务中去。感动于他乐于奉献、为人民服务的精神，1963年3月5日，毛泽东主席亲笔题词"向雷锋同志学

习"。此后,全国掀起了一股学习"雷锋精神"的热潮,并一直持续到今天。由此我们可以看出,"雷锋精神"是以无私奉献为基本内涵,在实践中不断丰富和发展的一种革命精神。

奉献就是一种不求回报的给予,是一种高尚的情操,但也是一种平凡的精神。中华民族是一个注重继承优良传统的民族,生命有限,我们应该像雷锋同志一样做一个乐于奉献的人,并将这样的精神传承下去。

二、奉献点亮精彩人生

每一代人都有自己的使命和担当。在这个伟大的新时代,我们需要做出选择,甘于奉献。习总书记说:"我们共产党人讲奉献,就要有一颗为党为人民矢志奋斗的心,有了这颗心,就会'痛并快乐着',再怎么艰苦也是美的,再怎么付出也是甜的,就不会患得患失。"

我国"两弹一星"元勋程开甲为了国家强大、国防可靠,将自己的全部心血和才智奉献到我国核武器研究和核试验事业中;援藏16年的人民科学家钟杨为保护和研究生物多样性,扎根西藏,将自己的青春奉献给了西部少数民族地区的科学研究;武汉一退休老人马旭为支持家乡的教育事业,2019年她将多年来省吃俭用攒下来的1000万元无偿捐赠给哈尔滨市木兰县教育局。他们的大义,为我国发展带来了巨大的动力。

三、志愿奉献从我做起

有一种精神叫奉献,有一种情怀叫志愿,有一种责任叫担当。我们能有今天的幸福生活,是因为有无数无悔付出的奉献者替我们负重前行。2020年,新冠肺炎疫情突如其来,面对疫情,医护人员、官兵民警、志愿者们挺身而出,逆行出征。尽管有的人的父母年事已高,有的人的孩子嗷嗷待哺,有的人新婚燕尔,有的人还年纪尚轻,但他们依然义无反顾地冲向了抗疫最前线,用血肉之躯筑起抗疫防线,为全国人民点亮希望之光。

在全国人民的努力下,抗击新冠肺炎疫情斗争取得重大战略成果,各行各业有序复工复产。职业学校的师生们也积极为各行各业贡献人才和技术,浙江机电职业技术学院康佳同学,作为浙江大华智联有限公司现代学徒制班的学员,得知公司接到抗疫物资的紧急生产订单后,第一时间返岗参与设备维保,为抗疫贡献自己的力量。江苏省南京金陵高等职业技术学校也发挥自身营养健康学科的优势，积极成立课题组，探索标准化分餐制，助力复工复产。江苏省盐城机电高等职业技术学校信息工程系陈昱志和周加春同学，积极克服种种困难与不便，协助盐城市退役军人事务局创建、维护盐城退役军人就业创业微信公众号，受到了市退役军人事务局的高度赞扬。疫情期间，这样的例子不胜枚举，职校师生在助力复工复产过程中，不仅用自己的智慧和力量帮助企业渡过难关，而且也促进了自身的发展。

奉献不是一句空话，更不是高不可攀的大话。作为在校生的我们，应该从现在做起，从小事做起。学习上，勤学专业技能，为日后走向工作岗位打下坚实基础，为投身社会主义建设事业做好充足准备。日常生活中，我们应始终充满正能量，热心公益，不计个人得失，为国家、为社会、为事业、为他人奉献出自己的热情、汗水和爱心，勇做新时代的先锋，力争成为中华民族的脊梁。

生活因奉献而美丽，生命因奉献而鲜活，人生因奉献而精彩。当身边的亲戚、朋友、同学甚至陌生人需要帮助时，我们要及时伸出双手献出爱心，给他们力所能及的温暖；当国家、家乡需要我们贡献力量时，我们要积极主动地为建设事业添砖加瓦，竭尽所能地施展自身的才华。让我们一起用奉献来诠释青春最美的模样！

荐　读

1. 图书《幸福就这么简单》，郭明义著。
2. 电影《郭明义》。

知行合一

"只要人人都献出一点爱，世界将变成美好的人间。"请你利用课余时间到敬老院、孤儿院等地看望老人与儿童，记录你的所见和所感！

（江苏省盐城机电高等职业技术学校　陈静）

第九课　直面灾难　快乐成长

一个聪明的民族，从灾难和错误中学到的东西会比平时多得多。

——［德］弗里德里希·恩格斯

　　时间流逝，我们并不知道新的一天我们会幸福快乐，还是会难过忧伤。灾难会在我们的心上留下深深的伤口，如果我们一味懊恼焦虑、怨天尤人、自暴自弃，那美好的生活就会渐渐离我们远去。唯有直面伤口，勤学自律，勇担责任，乐观向上，我们才有可能在伤口上长出翅膀，飞向更高更远的地方！

　　2020年，新冠肺炎疫情悄无声息地来到我们身边，往日的生活秩序被打乱，日常的休闲娱乐活动变成了奢望，我们必须学会承受压力，战胜可怕的疾疫，走向春天……

一、用自律积蓄成长的力量

　　契诃夫说："困难与折磨对于人来说，是一把打向坯料的锤，打掉的是脆弱的铁屑，锻成的将是锋利的尖刀。"灾难，并不是将生命暂停，而是为生命积蓄力量。选择勤学，选择自律，就是选择了力量，选择了成长。

　　春节前夕，小芹跟随父母回到湖北孝感老家过年。疫情蔓延，小芹被困老家，一待就是两个多月。新学期开始，学校开展了线上教学活动，老家没有电脑和网络，自己也只带了极少的复习资料和学习用品，小芹心急如焚。苦思冥想，小芹总算是找到了因陋就简的办法。每天，她都坐在小凳子上，在靠背椅上摆上妈妈的手机，聚精会神地盯着那一方小小的屏幕，认真学习。尽管无人监督，尽管障碍重重，但小芹清楚自己的目标，积极地进行自我管理。

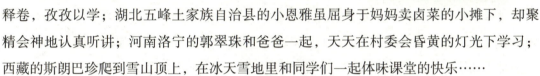

灾难可能会伤害我们的身体，可能会阻断我们的上学之路，但却不能阻挡我们求学的决心。

武汉方舱医院的"淡定哥"虽身患疾病，却手不释卷，孜孜以学；湖北五峰土家族自治县的小恩雅虽屈身于妈妈卖卤菜的小摊下，却聚精会神地认真听讲；河南洛宁的郭翠珠和爸爸一起，天天在村委会昏黄的灯光下学习；西藏的斯朗巴珍爬到雪山顶上，在冰天雪地里和同学们一起体味课堂的快乐……

一场疫情，一次考验。优秀的人，从不会因为灾难的到来而停止前行，他们淡定从容，勤学自律。即使"路漫漫其修远兮"，也要坚持"上下而求索"。

自律并非易事，但从小事做起，我们就可以慢慢培养出自己的意志力。自律就是要做自己的主人，掌控自己的生活，不被欲望牵着走。那么我们首先就要有一个清晰且坚定的目标，比如一周读完一本书；其次，自律要落实在行动上，我们可以将目标划分成每天具体要做的事，在固定时间内完成，比如每天晚上9点至10点阅读一小时；最后，在目标完成后，我们可以给予自己适当奖励，激励自己继续努力。

二、用责任指明成长的方向

责任，是成长的动力。拥有了责任心，我们就拥有了坚不可摧的信念和前进的方向。

新冠肺炎疫情暴发之前，26岁的吴尚哲是家里的乖宝宝，一直过着无忧无虑的生活。这场疫情也波及这一家四口，爸爸妈妈在酒店隔离，她自己为新冠肺炎确诊病例，住在方舱医院，外婆病情很重，被转到了火神山医院。

89岁的外婆十分抗拒医护人员的治疗，几天不吃不喝，病情越来越严重。在酒店隔离的妈妈听说了消息，万般焦急，却又无能为力。病情已经好转的吴尚哲毅然决定申请转到火神山医院，照顾外婆。她的这个决定遭到了爸爸的极力反对，"你不能拿你20岁的生命，去换外婆89岁的生命。"吴尚哲回答道："那是我的家人，我必须去。"她告诉妈妈："妈妈，我带你妈妈回家。"2月19日，吴尚哲进入火神山医院，她在微博上只写了短短的四个字：义无反顾。

虽然吴尚哲悉心照顾，但是由于外婆病情太严重，医护人员还是没能挽回外婆的生命。3月6日凌晨，吴尚哲的外婆因抢救无效去世。这个"一夜长大"的女孩在微博上写道："对不起，我的任务没有完成。"网友们纷纷留言："你已经做到了！"

一直以来，我们都是被守护的宠儿。亲人们用宽阔的肩膀，给我们撑起了一片明朗的天空。当灾难来临，当晴空不在，当家庭承受风雨时，我们理应勇敢地站出来，试着自己承担责任。从被关爱、被守护，到承担责任、守护他人，这就是成长。

作为青少年的我们应该怎样培养自己的责任意识呢？首先，我们应该学会观察，留心身边人是如何关爱我们的，从中体会他们是如何对我们负责的；其次，我们要意识到自己已经长大了，马上就要进入成年人的行列之中，要及时转换思路，不要再认为自己仍是小孩子；最后，我们要将这种意识落实在行动中，可以从养一株花、养一条鱼开始，主动关心、爱护它们，然后逐渐形成自觉的责任意识，运用到现实生活中去。

三、用乐观收获成长的阳光

灾难的天空满是阴霾，但只要我们保持乐观向上的心态，用心回应每一份关注、关心和关爱，我们的世界里永远洒满了阳光。

2020年春节前夕，艳艳跟家人一起回到江西南昌的老家。返乡后，他们被告知需要居家观察至少14天，定时报告体温。

千里迢迢而归，只为跟家人团聚，结果他们只能在家中隔离。因情况突然，家中物资紧张，生活不便。所幸，社区志愿者送来了米面、粮油和蔬菜；好心的邻居不仅没有歧视他们，反而托志愿者送来了饺子和水果；艳艳的好朋友每天都跟艳艳通话聊天，让她倍感温暖。

大自然带来了灾难，同时也送来了乐观。留心日常生活的细节，我们就会发现温暖的存在，可能是雨后的太阳，可能是破土而出的新芽，也可能是看到有人默默为流浪猫添置的小窝……拥有一双善于发现的双眼，我们就能获得乐观的力量，更好地成长。收获了别人给予我们的温暖，我们也更要积极向上，回馈他人。

有人说，如果你掉进了黑暗里，你能做的，不过是静心等待，直到你的双眼适应黑暗。在黑暗中，只要我们坚持勤学，积蓄力量，迎难而上，勇担责任，永不放弃，我们就能在灾难的伤口上长出最有力的翅膀,飞向更高更远的地方!

荐 读

1. 图书《不抱怨的世界》,〔美〕威尔·鲍温著。

2. 电影《唐山大地震》《芙蓉镇》。

知行合一

制订自己的快乐成长计划,并保质保量地完成该计划。

要求:

1. 为期一个月;

2. 写下每天必须完成的几件小事(对个人提升、家庭服务有意义的小事);

3. 每天晚上将完成情况整理成文字或图片,上传朋友圈;

4. 期满后,记录自己执行成长计划的收获,并请父母谈谈看法。

(湖北省武汉市石牌岭高级职业中学　李云)

第十课　向幸福出发

任何人都是自己幸福的工匠。

——［美］亨利·戴维·梭罗

导　读

幸福需要用心感受，需要努力奋斗，需要分享传递……那么，幸福到底是什么？从古至今，许多哲学家、思想家对这个问题给出多种答案。虽然至今没有确切的说法，但可以肯定的是，幸福是我们需要追求的东西，它将贯穿我们的生命。让我们通过下面的学习，认识幸福，向幸福出发！

品　读

林肯曾说："对于大多数人来说，他们认定自己有多幸福，就有多幸福。"《辞海》中对幸福的解释是"人们在为理想奋斗过程中以及实现了预定目标和理想时感到满足的状况和体验"。因此，幸福的本质是一种愉快心情的感知。

一、幸福就在我们身边

幸福是一个常见的词语，但我们却无法轻易给它做一个确切的阐释，因为幸福像花，各花入各眼。不同的人对幸福的理解是不同的，就如英国大文豪莎士比亚所说："一千个观众眼中就有一千个哈姆雷特。"不同的人在不同的阶段对幸福的感知是不一样的。

2015年8月，在巴西举行的第43届世界技能大赛上，代表中国队参赛的曾正超，以焊接项目总分第一的成绩夺得金牌，为中国在世界技能大赛上的表现画上了浓墨重彩的一笔。领奖台上他流下了激动的泪水，在他眼里，获奖就是幸福。

2017年某中职学校学生吴某把在公交车上捡到的钱包还给失主，当失主连声道谢并掏出500元作为酬谢的时候，吴某说："钱不用了，有这句感谢就值了。"在他眼里，助人为乐就是幸福。

2020年新冠肺炎疫情突如其来，小亮的父母成为"最美逆行者"，驰援武汉。小亮在期盼中度过两个多月，终于盼到父母归来，一家三口相拥而泣。在小亮眼里，团聚就是幸福。

幸福就在我们身边，生命中并不缺少幸福，而是缺少发现幸福的眼睛。

二、幸福从奋斗中萌生

有人说，成功是幸福；有人说，学习是幸福；有人说，健康是幸福……也有人说，面对困难、挫折，勇于挑战是幸福。幸福从哪里来呢？

近日，有段独臂少年的视频在网上引发关注。视频中，独臂少年动作如行云流水，不断在胯下和背后切换运球，流畅有力，引人赞叹。这位独臂少年叫张家城，今年13岁，是广东省云浮市云安区高村镇人。5岁时，他因为一场意外失去了右臂，但他没有自暴自弃。由于他球技了得，迅速点燃整个球场，人群中频频爆发出欢呼声。甚至有网友表示一开始只看动作，根本没有看出这是个独臂少年！中国篮球运动员易建联夸赞了他的运球，另一位篮球运动员朱芳雨也送上祝福说："继续坚持，年轻人！"张家城用汗水和坚毅赢得了大家的尊重。他说："我会更加努力！有梦想，一切皆有可能！"

是啊，有梦想，一切皆有可能！对我们来说，追求幸福，首先要选择合适的目标，并为之奋斗，我们的人生才能充满意义。如果只有目标而不为之奋斗，幸福就成了幻影。年少的我们拥有无限可能，我们要从当下做起，脚踏实地学好每一门课，将知识运用到工作生活中去，为自己的幸福生活奠定基础。同时，我们也要认真锻炼身体，培养健康的体魄，这是追求幸福和享受幸福的"本钱"。最后，追求幸福的道路上难免碰到坎坷，我们要有积极乐观的心态和坚强的意志，相信自己，相信"阳光总在风雨后"，直面挑战，勇闯未来！

幸福都是奋斗出来的，请相信，越努力，越幸福。

三、幸福在传递中升华

苏霍姆林斯基曾说："对人来说，最大的欢乐、最大的幸福是把自己的精神力量奉献给他人。"成就自身的人是幸福的，在播种自身幸福的同时，把幸福传递出去，洒向人间，让更多的生命获得幸福，那会使我们的幸福感加倍。

雷庆瑶，四川省乐山市夹江县人，3岁那年因触电失去双臂，但这位坚强的女孩却克服了常人无法想象的困难，学会了用双脚穿衣、做饭、写字、骑车、游泳、绘画等。她因成功出演电影《隐形的翅膀》女主角，获得2007年"华表奖"优秀儿童女演员奖。成名后的她带着电影《隐形的翅膀》在全国巡回放映，在上千所学校进行公益演讲，她用乐观精神感染和激励年轻人勇于追求幸福。短短几年时间里，她为公益事业筹集善款超过100万元，让更多的人获得了幸福。她说："这个社会上还有很多需要帮助的人，能够把这份爱不断传递下去，是我最大的幸福。"

像雷庆瑶这样在帮助他人获得幸福的同时，也让自己获得幸福的人还有很多。面对突如其来的新冠肺炎疫情，84岁的钟南山院士背负使命，废寝忘食，把危险留给了自己，把安全带给了人民；"将慈善进行到底"的韩红，四处为慈善事业奔走，只要有大灾大难的地方就有她救灾的身影。

成就自身的人是幸福的，成就他人、国家乃至整个人类幸福的人，更是幸福的！残疾人如此，健康人如此，平凡的人如此，功成名就的人也是如此。我们是祖国的未来，是人类的未来，只有国泰民安、世界和平，我们每个人的幸福才有保障，因此我们不仅要为了自己的幸福而奋斗，也要心系祖国、心系人类，树立远大的理想，为建设祖国出力，为人类发展做出贡献，将幸福传递下去！

快乐可依靠幻想，幸福却要依靠行动。"千里之行，始于足下"，我们何不从当下启程，向幸福出发！

1. 图书《幸福计划》，［美］格雷琴·鲁宾著。
2. 电影《隐形的翅膀》。

作为青少年，我们应该如何规划自己的幸福人生呢？请制定《我的幸福计划》。

（四川省攀枝花市建筑工程学校　龚贵祥）

主题四
保护生态

我们有一个共同的名字，叫人类；我们有一个共同的母亲，叫地球；我们与其他物种共同构建了一个生态家园。动物是我们的朋友，植物是我们的伙伴，万事万物都与我们息息相关。自觉保护生态，珍惜资源，美化家园，与所有生命和谐共存，携手发展，是我们每个人的责任。

第一课　呵护绿色　呵护生命

　　绿色生态是最大财富、最大优势、最大品牌，一定要保护好，做好治山理水、显山露水的文章，走出一条经济发展和生态文明水平提高相辅相成、相得益彰的路子。

——习近平

导　读

　　绿色植物对调节环境和改善人类健康有着非常重要的作用，绿色植物能吸收空气中的有害气体，净化空气，是人类生产生活重要的物质基础，人类的衣食住行都离不开绿色植物。如果不注意保护，人类将会失去这种宝贵的生物资源。

品　读

一、绿色植物也有生命

　　初春的校园绿意盎然，花团锦簇，给学子们带来了优美的环境。有一天，其中一棵快枯萎的树吸引了同学们的注意。好奇的同学们立马围了上来，关心地询问正在给树木浇水的老师："老师，这棵树会死吗？这么好的树，为什么不好好照顾它，却让它枯萎了呢？"还有几个学生在旁边议论开来，"我知道这种树叫樟树，它的作用可大了！""这么大的树就快死了，太可惜了！""花草树木也有生命呀！要是没有这些花草树木，我们的学校就缺少了美景呀！"同学们其实天生懂得关心、爱护绿色植物，绿色植物也有生命，它们需要我们的关爱。

二、毁坏绿色就是毁坏家园

人类的祖先是从绿色森林里走出来的，可以说绿色森林就是人类的起源地。如今，森林却在不断萎缩。

据联合国粮农组织发布的2020年《全球森林资源评估》报告显示，2015年以来，全球森林资源总面积呈现下滑趋势，但全球森林消失速度有所放缓。专家认为，各国工业化进程的加快导致全球环境受到影响，气候变化、水土流失以及沙漠面积扩大等问题都直接或间接导致了全球森林面积逐渐萎缩。

《失踪的森林王国》一文向我们描绘了这样一幅图景：很久很久以前，有一个美丽富饶的森林王国，那里鲜花四季开放，野果挂满枝头。森林王国有一条法律：任何人不得乱砍树木。老国王去世前再三嘱咐儿子："森林是我们的守护神，不能改变法律，否则各种妖魔鬼怪都会来危害我们。"但是新国王即位后不久就下了一道命令：把树木全砍掉，建造新王国。大臣们极力劝阻，但他却置若罔闻。参天大树一排排倒下，高耸的大楼一幢幢立起来。动物们四处逃散，大树都变成了梁柱和家具。没过多久，灾难接二连三地降临，各种妖魔来袭，人们看着被破坏的家园失声痛哭。见到此景，新国王深深地叹了一口气，瘫倒在自己的宝座上。森林王国就这样消失了。

森林王国为我们的生命保驾护航，植物叶片的呼吸作用消耗使地球气候变暖的二氧化碳，并释放出氧气，它的根系紧紧抓牢土壤，防止水土流失，它的枝干给动物们提供庇护……故事中的妖魔鬼怪象征着危胁人类生存的各种因素，包括自然灾害、资源不足、气候异常等，它们会在森林被破坏后露出凶狠的模样。因此，毁坏绿色，就是毁坏我们的家园，危害我们自己。

三、呵护绿色就是呵护生命

中国是世界上物种最丰富的国家之一，丰富的生态类型不仅是大自然留给中国的宝贵财富，也是全世界人民的共同财富。

当前，经济的快速发展使环境问题越来越突出，面对如此严峻的形势，我国逐渐意识到生态环境建设的重要性，而造林工程是生态环境建设的重要一环，具有极好的生态效益、社会效益及经济效益。目前主要造林方式包括人工造林、飞播造林、封山育林和更新造林等。

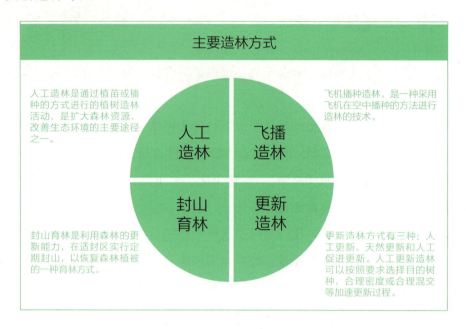

主要造林方式

人工造林是通过植苗或播种的方式进行的植树造林活动，是扩大森林资源、改善生态环境的主要途径之一。

飞机播种造林，是一种采用飞机在空中播种的方法进行造林的技术。

人工造林

飞播造林

封山育林

更新造林

封山育林是利用森林的更新能力，在适封区实行定期封山，以恢复森林植被的一种育林方式。

更新造林方式有三种：人工更新、天然更新和人工促进更新。人工更新造林可以按照要求选择目的树种，合理密度或合理混交等加速更新过程。

2019年，国家林业和草原局局长张建龙曾表示，近年来我国国土绿化取得了显著的成绩，我国人工造林11.8亿亩，是全世界人工造林最多的国家，荒漠化防治也走在世界前列。

花草树木也是有生命的，如果我们不去细心呵护，它们的生命就会变得非常脆弱，很容易从我们的身边消失；树易折，花易落，生命不易，需要我们精心呵护。"呵护每一片绿色"，这是某中职学校发起的志愿者活动。活动中，志愿者不怕脏、不怕累，一路上对沿途的植物进行修剪和灌溉，记录校园中树木的生长情况，并整理出一套后续的养护方案。

经过近2个小时的努力，志愿者们看到植物重新焕发生机，个个喜笑颜开。他们纷纷说，"作为新时代的青少年，能够做一些力所能及的事情，我们十分开心。""通过这次活动，我们增强了呵护绿色生命的意识和使命感！"

呵护绿色其实并不难，我们每个人都可以从身边的小事做起，比如捡起绿化带上的一片垃圾，出游时不毁坏花草树木，不携带火种进山等。植物为我们营造了绿色家园，是我们的生命守护者。呵护这些绿色朋友，也就是呵护我们自己的生命，呵护人类的未来！

荐　读

1. 图书《物种起源》，〔英〕查尔斯·罗伯特·达尔文著。
2. 图书《怎样观察一棵树》，〔美〕南茜·罗斯·胡格著。
3. 图书《杂草记》，〔日〕柳宗民著。

知行合一

　　了解校园内植物的名称和数量，总结校园绿化工作的不足之处，给学校提出绿化提升建议，并注意观察同学们平时是怎样保护植物的，然后将这些做法记录下来。

（浙江省东阳市职业教育中心学校　俞卫荣）

第二课 种植花草 品味生命

在有益健康的生活纪律之外，对待自己也要温柔一点。你只不过是宇宙的孩子，与植物、星辰没什么两样。

——［美］麦克斯·埃尔曼

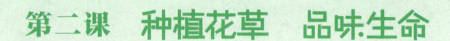

导　读

"宁可食无肉，不可居无竹"，这是宋代词人苏东坡的追求。不仅是竹子，中国历史上各种植物都被文人们赋予了不同的品格，历代文人都对植物充满喜爱，使其更添魅力。在万物众生的世界里，种一盆自己喜欢的植物，和他人共建和谐的小花园，这是多么舒心的事啊！在和谐共生的美好环境里，我们能感受到嫩芽的生机勃勃，花骨朵的含苞待放，它们可以是我们静默的朋友，随时倾听我们的心声。

品　读

一、我们身边的花草

即使是每天与大自然亲密接触的我们，在这绿树成荫、繁花似锦的校园里，想要把这些花、草、树的名字一一报上，恐怕也难以做到。但现在，我们可以使用手机软件识别植物，只要轻轻一扫，就能了解它们背后的故事。

植物作为地球生态系统中的重要组成部分，从古到今为人类贡献了各类能源。人的生活绝对离不开植物，它们一直与我们共同生存在这片土地上。中国花卉协会曾两次举办全国投票活动推举"中国十大名花",其中兰花(春)、荷花(夏)、菊花(秋)、梅花(冬)被选为"中国四季名花",这反映出中华民族清廉坚贞、高雅脱俗的特质。当然,世界各国也都有代表本国的植物,如意大利的国花雏菊、美国的国花玫瑰、加拿大的国树枫树、印度的国树菩提树等。

作为绿植中最具魅力的一类,花被人们赋予了多种多样的情感和愿望,于是人类创造了花语。不同地域、气候、民俗等条件下,花语可能也有所不同。懂得花语,学会赏花、养花,我们的生活也会因此丰富多彩起来。

二、打造我们的小花园

从认识花草到深入了解植物知识,大家慢慢会发现,我们的生活离不开植物。在学习之余,我们可以尝试亲手打造我们的小花园。

1. 选定自己喜欢的绿植

植物多种多样,我们可以根据个人的喜好,通过实地去花鸟市场、植物园游览或浏览介绍植物的网站来确定自己想要养护的绿植。目前适合我们养护的小型绿植有绿萝、文竹、吊兰等。

2. 在教室打造小花园

教室是我们学习的重要场所,如果窗台等处有我们亲自养护的绿植,这会让我们一天的学习心旷神怡。但是因为我们身处大集体中,我们需要提前做好准备工作,如大家一起商讨如何打造小花园,尽量避免种植一些有休眠期、可致过敏的花草,确定切实可行的花园计划,包含种什么、怎么种、怎样养护等。之后全班每人都要参与,分组开展观察与养护工作。

3. 我是班级小花农

作为班级小花农,我们要时常观察植物的生长状态,确定植物是否需要浇水、松土、调整位置等。我们要根据植物的种类和喜好在不同的时间浇水,浇多浇少也有讲究……总之,要想成为一名合格的花农,我们就一定要多多学习,充分了解各种植物的喜好,避免出现失误,造成植物死亡。

相信经过大家的努力，我们教室的小花园一定会欣欣向荣。最后，记得假期前一定要安排好这些植物，可指定同学带回家养护，也可放在学校指定地点进行集中管理，假期后再相见！

三、做一个护花使者

我们也可以在寝室、在家里种植喜欢的绿植花卉，也许不管今后我们遇到了什么事，看着它、想到它，我们的心灵都会沉浸其中，温暖而安然。

爱花、养花是社会文明与进步的标志，更是对自然的尊重，这也让我们的生命愈发显得生机勃勃。种植花草不但陶冶情操，有益身心健康，更能使我们感受到生命成长的喜悦。

走出教室，走入校园，走进大自然。我们要做护花使者，不践踏花草、不折枝条，保护环境，与自然自生。

荐 读

1. 图书《闲花贴》，心岱著。
2. 图书《植物知道生命的答案》，［美］丹尼尔·查莫维茨著。

知行合一

打造自己的"瓶子小花园"

1. 请你试着收集一些有特色的小瓶子，清洗干净；
2. 选择适合水培的绿植，如绿萝、铜钱草、吊兰、风信子等；
3. 将它们养在瓶中，定期护理。

（吉林省吉林经济贸易学校　吴群）

第三课　万物生灵，爱你等于爱自己

只有当我们拥有对于生命的敬畏之心时，世界才会在我们面前呈现出它的无限生机，我们才会处处感受到生命的高贵与美丽。

——［法］阿尔贝特·施韦泽

人类受惠于大自然的馈赠，并依赖于万物生灵而存在。自然界每一寸土地上中每一个物种，都与人类命运息息相关。人只是大自然万千物种中的一员，失去人类，万物尚能生存；失去万物，人类就将面临死亡。人唯有敬畏万物生灵，珍爱万物生灵，才能迎来美好的未来。

一棵树在日月轮转中蔚然成荫，一粒籽在平原高山中顺势而生，一只兽在优胜劣汰中繁衍生息……万物生灵生命的律动，让世界充满无穷活力与生机。世间所有的生命，虽形态各异，却同样平等。每个生命都是不可替代的，都是独一无二的存在，每个生命的存在都与其他生命密切相关。

一、万物生灵，与你环环相扣

北京南郊麋鹿苑有一个世界灭绝动物墓地，那里陈列着近300年来已经灭绝的各种鸟类和兽类的墓碑。每一块墓碑都代表了一个未曾与我们相见，却已成永别的生灵。墓碑以倒下的多米诺骨牌样式排列，寓意世间任何一个物种的灭绝都可能会引发连锁反应，造成与之相关的更多生灵的灭绝，人类也不能独善其身。

我们不妨设想一下，如果有一天，世界不再有花开，人类会怎样呢？

没有花儿点缀的世界会失去斑斓的色彩，没有花儿唤醒的四季会遗失独特的风景，没有花儿滋养的生活会丧失甜美的温馨……而这些，只是九牛一毛。

如果没有植物，许多食草动物会因失去食物而灭亡，食草动物的消亡又会引起连锁反应，影响到食肉动物的生存。如果没有植物，空气会变得污浊，生态环境会进一步恶化，最终影响到人类的生存与发展。

这世间所有的生命都有存在的价值，植物与动物交融、生命与自然交融，这样所有的生命才能安然地繁衍生息，和谐共生。每一个生灵，都与人类命运环环相扣，丝丝相连。任何一个物种的非正常消亡，都必将给人类、给地球带来不可逆的损害。

二、万物生灵，与你惺惺相惜

丹尼尔在《植物知道生命的答案》一书中写道："和我们有相同生理特征的不仅仅是黑猩猩和狗，还有秋海棠和巨杉。当我们凝视盛花的玫瑰树时，应该把它看成是失散已久的堂兄弟，知道我们和它拥有相同的基因。"

改编自真实故事的电影《忠犬八公的故事》，讲述了人与动物之间的感人故事。一天，帕克在小镇的车站上捡到一只无家可归的流浪狗，帕克将小狗带回家，取名八公。八公每天早上准时陪伴帕克上班，每天傍晚准时迎接帕克下班。然而，有一天帕克在工作时突然晕倒，因抢救无效而死亡，从那天起帕克再没有回到那个与八公偶遇的车站，八公也再没有盼到帕克回家的身影……可是八公依然固执地站在站台上，痴痴地等候主人回家，直到它生命的最后一刻。

影片《忠犬八公的故事》中这只在主人去世后仍用一生去等候着主人出现的忠犬，让我们看到了动物对人的忠诚与眷恋；散文《中国的牛》中描写的那头在狭道上主动给人让路的敦厚的牛，让我们看到动物最原始的善良与谦卑。生活中有太多人与动物和谐共处的感人场景，那些无条件将爱与信任给予人类的万物生灵，让我们感受到了它们向人类传递的温暖的生命信息。这是生命与生命的互动，是生命与生命的交融。

三、万物生灵，与你息息相关

电影《流浪地球》中有这样一句台词："最初，没有人在意这场灾难，这不过是一场山火、一次旱灾、一个物种的灭绝、一座城市的消失，直到这场灾难和每个人息息相关……"人类，不可能孤独而高傲地活着，万物生灵与我们息息相关，爱护万物生灵，就是保护人类自己。

可可西里是青藏铁路的必经之地，也是藏羚羊迁徙的必经之地。为了有效保护当地生态环境，建设者在青藏铁路全线设置了33处野生动物通道，为动物专门留出迁徙通道。而今，当列车驶入可可西里时，车窗外，当年濒临灭绝的藏羚羊等野生动物悠闲地凝望着列车，或从容穿过迁徙通道，这样的场景总让人心中漾起感动与慰藉。只有我们用平等的眼光去看待万物生灵，给予它们尊重和爱护时，世界才会在我们面前呈现出它的无限生机。

2016年，一个女孩站在《我是演说家》的舞台上，向观众讲述她亲眼目睹的野生动物被残害的故事，呼吁人们"不要伤害野生动物"。她叫初雯雯，是一个将世界上所有野生动物当成自己的家人、朋友来呵护的年轻女孩。研究生毕业后，她义无反顾地回到自己的家乡，立志终身从事保护野生动物的工作。她坚定地认为，保护野生动物是她身而为人的使命。

将来我们的职业选择各异，我们也许不会像初雯雯那样直接从事动物保护工作，但我们同样可以为保护万物生灵做出我们应有的努力，如不吃野味，不购买与使用任何野生动物制品，不猎捕、饲养野生动物等。这些事情虽小，但意义非凡。可以毫不夸张地说，我们的行动决定着我们的未来。

保护生态之多样，延续生灵之美好，就是在保护我们的诗与远方。万物生灵，爱你等于爱自己！

荐 读

1. 图书《世间万物》，［美］艾米·里奇著。
2. 电影《忠犬八公的故事》。

> **知行合一**
>
> 有朋友邀请小亮去打猎,并对他说:"上回我吃了我舅舅打的野味,很好吃,我舅舅还把剩下的野味拿到市场上去卖,赚了好多钱。明天我舅舅他们还要去山上打猎,我也要和他们一起去,你去不去?"如果你是小亮,你会怎么做?

(四川省威州民族师范学校　欧光琳)

第四课　感受相互依存的生命

本是同根生，相煎何太急。

——曹植

佛教禅宗僧侣一行禅师曾说："你不可能单独存在，你需要其他人才能存在，你需要其他生物才能存在。你不仅需要父亲、母亲，需要叔叔、兄弟、姐妹，还需要阳光、河流、空气、树木、小鸟、大象等。因此，你必须与其他人、其他事相互依存。"

广阔天地间，人类并不孤单，我们无时无刻不在和世间万物交流互动，只是大多数时候我们没注意到而已。

现代社会，我们往往愿意直接相信从不同渠道看到和听到的信息，却忽略了自己内心的真实感受。感受力是生物最基本的一种能力，无论科技如何进步，物质如何丰盛，但最终我们需要的还是安全、幸福的感觉。让我们一起沉下心来，感受万物，感受生命。

一、人与世界，万物同一

地球是一个丰富多彩的世界，不仅有人和动物存在，还有植物、微生物和无机物的

存在。我们的身体需要大自然为我们提供能量，维持身体机能平衡，我们几乎每时每刻都处在和其他生物的互动中。

我们的祖先很早就理解了天、地、人之间的关系，领悟到宇宙、自然是大天地，人是小天地，"天人合一"是五千年中华传统文化的重要思想。一切人、事均应顺乎自然规律，达到人与自然和谐的境界。庄子说："有人，天也；有天，亦天也。"老子说："人法地，地法天，天法道，道法自然。"讲的都是万物与我合而为一。

当和世间万物建立了联系，我们才会真正理解万物一体的含义，不会去做损害大自然、损害别人以及损害自己的事情。

二、人与万物，同根同源

你如何看待地球上除人类以外的生物，比如动物、植物及其他微生物？在人类的词典中，我们大多以资源利用作为标准，即事物对我们有用还是无用。

花园里的昆虫，当我们不了解它们的时候，我们会觉得它们是无用的，甚至是危险的。其实通过观察，我们会发现：昆虫当然会吃植物，但昆虫也会帮助植物授粉。当我们学会了堆肥技术，在土里看到蚯蚓时，我们是欣喜的，不会害怕。因为通过学习，我们知道蚯蚓会使厨余垃圾和树叶分解成肥料，让植物生长得更好。人类不是其他生物的主宰者，它们的价值也不取决于对人类是否有用。

从地球上亿年的变迁过程中，我们知道人类身上的很多东西其实都来源于其他的生物，它们和我们有着千丝万缕的联系。最初的生命是微生物，是单细胞的生命，它们通过慢慢进化，演变成了植物、动物等，当然，人类也是其中之一；还有的保持原样，仍作为微生物存在。

我们要意识到并不是人类编织起了地球上的生命之网，我们和世间万物都是这生命之网上一个又一个的节点，命运相连。鸟儿与大树，落叶与土壤，蜜蜂与花朵，这都只是生命之网中的小小缩影。

三、感受生命，呵护生命

世间万物在相互依存中成长，人类也不例外，我们与其他生物共享着同一片天空。在感受到生命之间千丝万缕的联系之后，我们更要落实在行动上，从身边的一点一滴做起，呵护生命。

对待身边的植物，我们要做到不折枝、不摘花，不乱丢垃圾，不破坏环境；对待宠物，我们要认真饲养，不虐待、不丢弃；对待野生动物，我们要保护它们，不捕杀野生动物，不购买野生动物制品……

学会感受生命之间的关联，我们才能更加懂得呵护生命的重要性。让我们做一个有心人，留心身边的生物，像珍爱自己的生命一样珍爱它们。

 荐 读

1. 图书《生命：万物不可思议的连接方式》，［美］米莎·布莱斯著。
2. 电影《阿凡达》。

请你以《假如一个星球上只有一个物种》为题写一篇短文。

(四川省成都市建筑职业中专校 赵玫)

第五课　垃圾分类　文明生活

世界上没有垃圾，只有放错地方的宝藏。

——［意］阿利盖利·但丁

导　读

　　人类自诞生之日起，就有好恶，有取舍。有用的，我们享用它；无用的，我们舍弃它。所以，有优雅恬静的环境，就有酸腐恶臭的垃圾，垃圾其实是和人类的生活共存的。垃圾处理也就成为我们生活中一个绕不过去的话题。这些年来，人类因为垃圾处理不善而付出了沉重的代价。经过长期实践，我们发现垃圾分类是妥善处理垃圾的有效方法，做好垃圾分类，垃圾也能变宝藏。那么，什么是垃圾分类，为什么要进行垃圾分类，又该怎样进行垃圾分类呢？

品　读

★ 一、垃圾分类，势在必行

　　据生态环境部发布的《2019年全部大、中城市固体废物污染环境防治年报》显示，全国大、中城市生活垃圾产生量为21147.3万吨。我们每个人每天都会产生许多垃圾，你知道这些垃圾到哪里去了吗？它们通常是先被送到垃圾转运中心，然后再被送去焚烧或填埋。垃圾填埋的费用相当高昂，处理一吨垃圾的费用为200～300元人民币。人们大量消耗资源进行大规模生产，大规模消费又产生大量的废弃物。这些年来，全球垃圾数量不断增长，环境污染问题也日益严重，威胁着人类和其他生物的健康。

维也纳大学的研究员指出：估计全球一半以上人口的体内都能找到塑料微粒。分解不掉的塑料微粒沉积在淤泥中，而淤泥是微生物聚集的地方，因此食物链中的鱼类等多个物种都会不同程度地摄食塑料微粒，人类也同样会通过水和食物将塑料微粒摄入体内，就这样，塑料微粒沿着生物链形成了一个完整的循环。

二、垃圾分类，观念先行

难道我们对垃圾就束手无策了吗？其实，方法是有的，这就是进行垃圾分类。

垃圾分类，一般指按一定规定或标准将垃圾分类储存、分类投放和分类搬运，从而将其转变成公共资源的一系列活动的总称。垃圾分类的目的是提高垃圾的资源价值和经济价值，力争物尽其用。2017年起，我国陆续发布文件，促进垃圾分类工作的进行。2019年，"垃圾分类"一词还入选了"中国媒体十大流行语"。

习近平总书记说："普遍推行垃圾分类制度，关系13亿多人生活环境改善，关系垃圾能不能减量化、资源化、无害化处理。实行垃圾分类，关系广大人民群众生活环境，关系节约资源使用，也是社会文明水平的一个重要体现。垃圾分类一小步，社会文明一大步。推行垃圾分类，关键是要加强科学管理，形成长效机制，推动习惯养成。"

垃圾分类关系到千家万户，从"一扔了之"到"自觉为之"，涉及人们思想观念、行为方式、生活习惯的改变。"最近每个早晨都要接受居委会阿姨的灵魂拷问：你是什么垃圾？""因为懒得丢垃圾，所以不生产垃圾，所以少吃……"网上的很多段子道出了人们对垃圾分类的看法。习惯是长期养成的，不可能毕其功于一役。一屋不扫何以扫天下，我们只要保持足够的耐心、坚定的决心，垃圾分类的观念定会渐渐深入人心。

三、垃圾分类，从我做起

垃圾分类应该遵循一个原则：分而用之。分类的目的是为了将废弃物分流处理，利用现有技术，回收利用可回收物，包括物质利用和能量利用，填埋处置暂时无法利用的垃圾。

小金是浙江省东阳市职教中心东技校区的一名在校生。作为班长，他对垃圾分类有自己的心得。他说："自从学校施行了《垃圾分类管理条例》，我总会自觉地将废纸、饮料瓶、玻璃瓶及其他可利用的废弃物投入到可回收垃圾桶，把果皮、食物残渣等投入不可回收垃圾桶。我还在班里组建了环保小分队，监督班级的同学自觉区分可回收垃圾和不可回收垃圾。我们将可回收垃圾卖给了垃圾收购站，这给我们班级带来了可观的收入。习惯成自然，现在在校园里，我们班的同学看到垃圾都能自觉地捡起，投入相应的垃圾桶。"日常生活中，我们也要在家中准备几个垃圾桶，帮助我们进行垃圾分类。

科技日新月异的时代，人类生产、生活节奏也越来越快。人们脚步匆匆，但请别忘记身后那日益增多、堆积如山的垃圾。弯腰捡起地上的垃圾，用几分钟时间做好垃圾分类，如果每个人都能慷慨地贡献出这几分几秒的时间，无数垃圾就将变成宝藏，我们的环境也会随之大大改善。这不仅是为了我们自己，更是为了人类和地球的未来。

荐 读

1. 图书《城市人居生态环境》，李升峰著。
2. 图书《废品生活：垃圾场的经济、社群与空间》，胡嘉明、张劼颖著。

知行合一

某市执法大队在垃圾分类检查中发现一家餐厅将垃圾一股脑地全扔在路边的一个大垃圾桶旁。执法人员现场对当事人进行了教育，并要求其限期整改。如果你是当事人，你会怎么做？

（浙江省东阳市职业教育中心学校　陆丽雅）

第六课　善待动物　珍爱生命

对待动物残忍的人，对待人也必不会仁慈。

——［德］亚瑟·叔本华

曾几何时，我们的地球风景如画，生物种类繁多；而今，地球上环境日益恶化，物种有所减少，尤其是许多野生动物濒临灭绝，保护野生动物迫在眉睫。但有些人却并未意识到这一点，仍用大把的金钱换取野味，却不知危险临近，这是多么的可笑啊！

人类自诩为万物之灵长，时常在不经意间伤害到自然界的其他生灵，却很少意识到人类也是大自然生态系统中的一员。地球上众生平等，正如莎翁所说："同一的太阳照着人类，也不曾避了任何一种生物。"

一、陋习之祸

现在，有一部分人以吃野味为乐，以为这是"大补"，是财力雄厚的象征。在他们看来，餐桌上能出现三五道野味是一件很有脸面的事情，可是他们不知道，食用野生动物对人体的危害极大。野生动物的体内可能含有病毒、寄生虫等，有些病毒即使在零下十五摄氏度的低温或一百摄氏度的高温下也不能被彻底清除。稍有不慎，人类就会因食用野生动物感染脑囊虫、肠道寄生虫等疾病。例如，在广东地区，当地人对饮食力求新鲜，常年生食或半生食某些食材，这使得当地食源性寄生虫疾病发病率逐年增加。

有句老话说"病从口入，祸从口出"，可不就是这样？人们食用野味，把细菌吃进了嘴里，又将"祸"从口中传递给了别人。目前，人类对野生动物的研究仍处于初级阶段，据说它们身上携带了数万种人类未知的细菌和病毒。人的生命是脆弱的，一个看似微不足道的细菌就能使人生产不适症状，甚至死亡。所以，为了自己的生命，也为了家人的生命，不要放纵自己的"口腹之欲"，野味并不是美味。

此外，还有人想从动物身上榨取财富，各种飞禽走兽被端上餐桌，它们的皮毛、牙齿等被做成了鞋包、衣服及工艺装饰品……我们早已进入文明社会，而这些人仍以杀戮为荣，把野生动物当作谋利的工具和炫耀的资本，让人无奈又愤怒。殊不知，以吃野味为乐、以购买野生动物制品为荣的人炫耀的并不是财富，而是愚蠢和无知。

二、请和动物做好朋友

世界各地都流传着人类与动物友好相处的故事。有时是动物拯救了落难的人类，有时是人类收留了可怜的动物。有一个故事，一只受伤的狐狸被一位独居老人救下悉心照顾，后来那只狐狸受伤的腿完全恢复了，老人便把它放回大自然。狐狸每走几步就回头看着自己的恩人。老人挥挥手，做出再见的姿势，狐狸才肯离开。直到它彻底消失，老人才一步一个脚印地踏上了回家的路。

老人原本以为他们的生命再也不会出现交集，不料，到了第二年冬天，那只狐狸又出现了。一个太阳刚刚升起的早晨，狐狸静静地坐在小屋前等待老人打开家门。之后每年都不缺席……

人与动物具有类似的情感，是天生的朋友，本应和谐相处，共享家园。正是因为多种生物共存，世界才多姿多彩，让我们保护好动物，保护好我们的朋友。

三、动物需要人类的保护

早在1989年3月1日中国就施行了《中华人民共和国野生动物保护法》，而后又五次修订本法案。2020年初，"禁食野生动物"的呼声越发迫切，但"野味产业"依然规模庞大，急需法律制约。在此背景下，2月24日，十三届全国人大常委会第十六次会议审议通过了《全国人民代表大会常务委员会关于全面禁止非法野生动物交易、革除滥食野生动物陋习、切实保障人民群众生命健康安全的决定》，明确了在野生动物保护法的基础上，以全面禁止食用野生动物为导向，扩大法律调整范围，确立了全面禁止食用野生动物的制度。社会媒体也积极宣传保护野生动物的重要性，形成一种对捕杀、交易、食用野生动物行为"零容忍"的环境。为彻底改变滥食野生动物这种不文明的行为，社会各界都在努力。

动物是我们人类的好朋友，也是我们地球生态系统中的重要组成部分。对野生动物残忍，就是对生命的漠视；保护野生动物，就是保护地球的生态环境，保护人类自己。保护野生动物，维护自然生态平衡，不仅是衡量一个国家文明进步的重要标志，更关系到人类的生存和发展。在此，我们一起发出倡议：

1. 主动了解保护野生动物的法律知识。
2. 不做并制止伤害野生动物的行为。
3. 向家人宣传保护野生动物的知识。
4. 遇到捕杀、交易、食用野生动物的行为，要主动报警。

生命是公平的，大自然从未偏颇。人类凭借智慧使自己达到了一个前所未有的高度，拥有其他生物不具备的科学的观念、复杂的思维。但与此同时，野生动物可以同时携带上百种细菌和病毒生存，它们在凭肉体与残酷自然环境斗争的过程中，拥有了远超人类的顽强的生命力。

从这刻起，人类或许该深思，作为所谓的高等动物，我们真的主宰一切了吗？答案显而易见，并不是。不论是谁，在大自然面前都不堪一击。人类只有了解自然的法则，遵循其中的规律，和其他生灵和谐共生，才能真正地长久生存下去。

荐 读

1. 图书《逛动物园是件正经事》，花蚀著。
2. 图书《我所知道的野生动物》，[加]西顿著。

知行合一

有一天，小明的父母带着小明去一家朋友介绍的餐馆吃特色菜。然而，小明发现这家餐馆的"特色菜"竟然是各种野味。如果你是小明，你该如何劝父母拒食野味呢？

（浙江省东阳市职业教育中心学校　俞涛涛；山东省滨州市鲁北技师学院　李文娟）

第七课　保护美丽乡村

传统村落是农耕文明留下的最大遗产，中华文明最要远绵长的根就在村落里，大量重要的历史人物和历史事件都跟村落有密切关系。

——冯骥才

导　读

李子柒、华农兄弟、野食小哥等知名乡村生活类博主在各大平台粉丝达数百万人，这个数字似乎在告诉着我们：乡情从未离我们远去。我国是历史悠久的农业大国，如今乡村人口数量占比40%左右，即使未来城市人口将占比75%，到时也仍有3.5亿人居住在乡村。此外，现在许多年轻人选择从回乡务农，自主创业，建设自己的家乡。因此，保护、建设乡村，既是关乎未来生活的重大工程，也是保护我国乡村文化的重要举措。乡村文化承载着中国悠久的历史，是我们的文化之根。作为青少年，我们要有保护乡村的意识，主动传承乡村文化，让我们的历史与传统在时代更迭中生生不息。

品　读

一、古老的乡村

"田中有水，岸边有宅，宅中有院，院里有屋，屋旁有树，树上有天，天上有月。"这短短几句话就勾勒出了我们心中关于乡村的想象，恬静而安宁。乡村不仅仅是人们生活的地方，更承载了深厚的文化。

　　古老的乡村文化和宗祠文化是分不开的。在古代，很多村落以姓氏命名，一个村庄通常就是一个家族的聚集地，常设有祠堂，用来祭奠祖先以求庇护子孙后代，而每年的祭拜活动也就成为了家族聚会的时间，四处打拼的人们在此时回到家乡，其乐融融。后来，随着人口流动加快，乡村中家族关系的淡化，来自四面八方的人都可以生活在同一个地方。但是，村庄依旧承载着人们的乡情，是心的归宿，是游子的家。

　　当今，很多人已经离开乡村，搬到城市居住，但仍保留了许多习惯，比如一家人之间通常会说方言，在外工作见到老乡会觉得格外亲切，甚至还包括饮食习惯等，这就是乡土记忆。我们每个人与土地都有着不可分割的联系，无论是身处城市还是乡村，这份乡情都时常在我们身上闪现。但即便如此，乡村文化的慢慢逝去仍旧是一个残酷的现实。很多村庄甚至已经被废弃，无人居住。没有了人们的守候，或许随着时间推移，那份乡土记忆也将逐渐成为幻影……

二、乡村面临的困境

　　改革开放以来，城市化速度加快，越来越多的人离开乡村来到城市打拼，乡村人口流失、乡村人口老龄化问题突显，同时，乡村文化在时代激流中受到多元文化观念的冲击。乡情、乡愁无处安放，人民越来越需要拥有一方包含传统和现代、经典与创新的精神家园。

　　此外，由于生产的需要，乡村还面临着许多环境问题：

　　1. 农药、化肥的超量使用

　　目前我国处于依靠农药、化肥来提高农作物产量的发展阶段，据统计，目前全国农药年用量达140万吨，化肥的年施用量约为4700万吨。由于农药、化肥的利用率不高，部分化学物质会从排水沟流走或挥发到空气中，造成土壤、水源和空气污染，进而影响人类身体健康。

　　2. 畜禽养殖业中的污染

　　目前全国大中型畜禽养殖场已有4万多家，每年产生的畜禽粪便约27亿吨，其化学耗氧量排放量为6900多万吨，已经成为农村主要污染源。许多畜禽粪便直接排到土壤、河道中，对农作物的生长危害极大，同时也污染了水源。

3. 农用薄膜的过度使用

我国农用薄膜使用面积已突破亿亩，年残留量高达45万吨。大部分农用薄膜不易分解，过度使用会破坏土壤结构，阻碍农作物的生长发育。部分农业薄膜在分解过程中还会析出铅、锡、钛酸酯类化合物等有毒物质，加重土地污染。

4. 秸秆焚烧

我国每年秸秆产量约7亿吨，其中有约40%未得到有效的处理和利用，只是一烧了之。秸秆焚烧时产生的烟尘和有害气体容易造成空气污染。

5. 农村生活垃圾污染

我国农村污水处理设施、生活垃圾处理设施建设严重滞后，基本处于"污水靠蒸发，垃圾靠风刮"的状态。据调查，全国农村生活污水年产生量90多亿吨，平均处理率仅为15%左右，未经处理的污水通常就近排往农舍附近的沟渠，对地表水和地下水造成了极大的污染；全国农村生活垃圾年产生量2.8亿吨，平均处理率为20%左右，无法妥善处理的垃圾成为蚊蝇的孳生地，污染土地和水源。

6. 污染企业向农村转移

随着城市污染控制力度的加强，污染严重的工业企业由城市向农村地区转移，成为农村新的污染源。农村工业污染已使全国16~17万平方千米的耕地遭到严重破坏，占全国耕地总量的17.5%。工业企业排放的废水、废气和废渣已经成为影响农村环境保护的突出问题。

污染问题不只是对生态环境造成危害，还会引起一系列连锁反应。环境恶化导致粮食减产，生产效率降低，村民收入下降便更不愿再守在村子里，荒废的村庄也很难吸引外来人口来此居住，由此引发更加复杂多样的经济、文化问题。

三、保护美丽的乡村

早在十六届五中全会上，国家就已经提出建设美丽乡村的目标，乡村环境保护和治理应该囊括家园清洁、田园清洁、水源清洁等多个层面。加强宣传教育，防治生活污染，建立环境长效保护机制，调整产业结构、能源结构，有效治理面源污染，唯有使农村的环境问题得到改善，才能真正实现美丽乡村的跨越式发展。绿水青山才是金山银山，精神文明才是万代财富。治理环境问题，保护好乡村的山水格局、生态系统，保护好"有形"的乡村；开展"最美休闲乡村"和"中国美丽田园"推介活动，促进乡村个性化发展，保护"无形"的乡村文化。

作为青少年，我们也要从力所能及的事情做起，保护乡村。比如，我们可以通过网络了解我国乡村发展的现状，学习乡村传统习俗；节假日，我们可以到附近的村落旅游，亲身体验乡土人情；我们还可以向父母或祖父母学习方言，体会乡音中的那份乡情。此外，我们要努力学习，并将所学的知识运用到生活中去，日后为治理乡村环境、传承乡村文化、建设美好乡村出一份力。

"求木之长者，必固其根本；欲流之远者，必浚其泉源。"乡村振兴的根本在于乡村环境的改善和乡村文化的振兴。保护乡村生态，振兴乡村之形，延续乡村文化，继承中华传统，是我们每一代人的使命与责任。保护乡村，建设乡村，留住乡情，相信有一天，"树阴满地日当午，梦觉流莺时一声"能再次成为我们触手可及的美好。

荐 读

1. 图书《边城》，沈从文著。
2. 纪录片《了不起的村落》。

知行合一

你了解你所在地区的乡村习俗和文化吗？你会说家乡话吗？请你采访家中老人或走访村落，寻找那一份乡土记忆吧！

（江西省赣州市信丰中等专业学校　赖敏慧　赖英明　卢国栋）

第八课　蓝蓝的天上白云飘

人生欲求安全，当有五要：一要清洁空气，二要澄清饮水，三要流通沟渠，四要扫洒屋宇，五要日光充足。

——［英］弗罗伦斯·南丁格尔

大气层对于人类有重要作用，是我们在地球上生存的"保护伞"。但人类过度追求经济发展会破坏大气环境，雾霾、沙尘暴等恶劣天气也给地球上的生命造成了极大的伤害。我们要积极行动起来，开始蓝天保卫战。

在茫茫宇宙中，有一颗美丽的蓝色星球，这就是我们赖以生存的家园——地球。地球周身被一层薄雾覆盖，像身披轻纱一般梦幻。这层薄雾就是我们今天要给大家介绍的主角——大气层。它看上去又轻又薄，但其作用可不容小觑。可以说，如果没有大气层的保护，地球上的生物就没法生存。

一、大气层的多重身份

大气层是地球的"奶瓶"，为地球生命提供了生存的物质基础。它其中的重要成分——氧气，是生物生存不可或缺的物质。

大气层是地球的"棉袄"，帮助地球保温。如果没有这件"棉袄"保温，我们的地球就会像月球一样，白天温度高达一百多摄氏度，晚上又降到零下近二百摄氏度，那么这将非常不利于生命的存在。另外，大气层还帮助地球保湿。随着大气温度的不断降低，水蒸气上升过程中逐渐冷凝成小水滴或是小冰晶，以雨雪的形式返回地球。大气层帮我们留住了液态水，才使地球不会像月球那样干燥，没有生机。

大气层是地球的"防晒衣"，帮助我们隔离太阳辐射带来的危害。一方面，大气层中的水汽和二氧化碳吸收了红外线，臭氧吸收了紫外线；另一方面，大气层中的云层和颗粒较大的尘埃还具有反射作用，可以将多余的太阳光反射回去，有效地削弱了太阳辐射，从而保证地球上的生物不被晒伤。

大气层也是地球的"铠甲"，保护我们免受许多来自太空的伤害，比如陨石的撞击。当陨石向地球冲过来的时候，会和大气进行剧烈地摩擦，这样不仅减慢了陨石降落的速度，而且摩擦产生的热量足以将部分较小的陨石化为灰烬，这样供我们生存的地球就安然无恙了。

地球上的各种生物在大气层的保护下得以生存繁衍，享受湛蓝的天空。大气层对我们必不可少。

二、大气污染——生灵的灾难

清洁的空气是生命生存的要素，但在近代，随着人类工业化进程加快，大气开始遭受严重的污染，蓝天被雾霾、沙尘遮蔽，地球上的生物也因此面临着生存的威胁。

《雾都孤儿》是英国作家狄更斯1838年出版的长篇小说，其中有很多有关伦敦浓烟遮天蔽日的描写。上世纪五十年代，伦敦发生了一次世界上最为严重的"烟雾事件"，号称"雾都劫难"：浓雾持续将近一周不散，工厂和住户排出的烟尘大量在低空聚积，整个城市陷入一片灰暗之中。其间，有4700多人因患呼吸道疾病而死亡。

1940年至1960年，美国洛杉矶因汽车尾气引发光化学烟雾，光化学烟雾主要是碳氢化合物和氮氧化物在阳光作用下发生光化学反应生成二次污染物，后与一次污染物混合所形成的有毒烟雾，可以使人眼睛发红、咽喉疼痛、呼吸憋闷等。烟雾肆虐，以致当地柑橘减产，大片松林枯死。

如今，大气污染仍在持续，它不仅受一些自然因素影响，如火山爆发、森林火灾等，更因受人类活动产生的工业废气、汽车尾气等物质影响而愈演愈烈。这些活动产生的大气污染物包括粉尘、烟、雾等小颗粒状污染物，也包括二氧化碳、一氧化碳等气态污染物，它们对大气层以及生物有着不同程度的危害。

"月朦胧，鸟朦胧，空气也朦胧。山朦胧，树朦胧，喉咙有点痛。花朦胧，叶朦胧，医院排长龙。"如此俏皮的打油诗其实并不好笑。近年来，空气质量指数渐渐成了大家关心的内容，口罩成了必备品。环境遭到污染后，大气能见度降低，容易引发交通事故，而某些污染物引发臭氧层空洞，造成紫外线过强，伤害皮肤和眼睛，严重影响了人们的生活和身体健康。

不仅如此，大气污染物使空气能见度降低，减少到达地面的太阳光辐射量，影响植物生存；酸性污染物和雨水结合形成酸雨，腐蚀工业设备，也影响农作物的正常生长，污染深入土壤和水源，甚至会导致树木衰亡和鱼类绝迹。

因为人类的生产生活，大气污染日益严重，对大自然和我们自己都产生了极大的危害。我们一定要重视起来，采取有效行动，这样才能减少污染，保护地球上的生命。

三、大气保卫行动

自2013年起，我国就相继出台了《大气污染防治行动计划》和《打赢蓝天保卫战三年行动计划》等文件，全国上下开始了大气污染治理的专项行动。经过落实"煤改气"、调整产业结构、推广使用新能源等措施，我国的大气污染得到明显缓解。以北京为例，2019年北京的重度污染天气只有4天，比2013年减少54天。但蓝天保卫战只是初战告捷，后续我们还面临着改善大气环境、保障公众健康、促进经济社会可持续发展的严峻挑战。

作为中职生，我们可以为打赢蓝天保卫战做些什么呢？

1. 节约能源。我们要节约能源，比如随手关灯，空调温度调到二十六摄氏度，这样就能减少能源消耗，同时减少因发电产生的污染。

2. 参与植树活动。我们可以利用课余时间参与校园或公园绿化工作，为创造绿水青山做贡献。

3. 绿色出行。我们可以尽量选择步行或是骑自行车去路途近的地方，搭乘公共交通工具去路程远的地方，环保出行。

4. 烟雾减排。我们要拒绝露天烧烤、燃放烟花爆竹、焚烧枯枝落叶等产生大量烟雾的行为。

5. 垃圾分类。我们可以尽己所能宣传、推广垃圾分类，鼓励回收利用旧物，减少焚烧或填埋垃圾产生的污染。

我们每一个人都向往空气清新的环境，让我们携起手来，从身边小事做起，共同防治大气污染，守护蓝天白云。

荐 读

1. 图书《云彩收集者手册》，［英］加文·普雷特-平尼著。
2. 电影《大气层消失》。

知行合一

某天傍晚，你和家人准备去餐馆吃饭，看到路旁有家烧烤店把烤炉放在门口，并用风扇将烧烤产生的大量烟雾吹到大街上，吸引顾客用餐。对此，你有什么看法？

（河北省涿州市职业技术教育中心　兰玉萍）

第九课　与美景有约　与文明同行

我们常常喜欢回归自然，以之为一切美和幸福的永恒源泉。

——林语堂

 导　读

乱扔垃圾，随地吐痰，大声喧哗，攀爬、触摸文物……这些旅游陋习暴露出个人文明素养不够的同时，也反映出一座城市、一个国家的公共文明水平。随着我国社会的不断发展，国家通过制度建设引导文明旅游，而每一位公民的"内修于心"则更为重要。

文明旅游不仅仅体现在不乱扔垃圾、不随地吐痰、不乱涂乱画等点滴小事中，还体现在了解当地文化，尊重当地风俗，积极宣传文明行为，树立良好的国家形象等方面。所以说，文明旅游不仅是简单的观光，还要做到"当文明人、说文明话、做文明事、行文明礼"。

 **品　读**

★ 一、情越山水间，美丽大中华

游览名山大川，尽享大自然的馈赠；欣赏名胜古迹，陶醉于人类灿烂的文明。旅游，是一种休闲方式，更是一种文化体验。"峨嵋天下秀，三峡天下雄。""桂林山水甲天下，阳朔山水甲桂林。"这些描述祖国美景的佳句令世人赞叹不已，难以忘怀。

阳春三月，莺飞草长，西湖的春天美不胜收。当然，夏日里荡漾起伏的荷花，秋夜中洒满月光的三潭印月岛，冬雪后疏影横斜的红梅，都让每一位游客流连忘返。盛夏，黄山中那看不尽的飞瀑、数不清的奇石，都为黄山谱写了一曲曲激昂的乐章。九寨沟最大的湖泊长海，尽头山峰终年积雪，其海拔约四千米，巍峨肃穆。西安秦兵马俑、北京故宫、长江三峡等风景名胜不仅是祖国悠久历史的见证，更是中国人民创造的伟大奇迹。

随着生活水平的日益提高，人们走出家门游览祖国大好河山的机会越来越多，然而旅游资源大多是不可再生资源，一旦遭到破坏就无法恢复原状，也会带来不可估量的生态效益、社会效益与经济效益的损失。为此，各地政府部门通过形式多样的宣传活动对旅游不文明行为进行约束，人人支持、人人参与文明旅游的社会风尚逐步形成，公民旅游文明素质不断提高。

二、旅途应很美，切莫不和谐

近年来，尽管游客文明素质有所提升，旅行中不文明行为还是时有发生。

今年五月，一条标题为"三辆越野车在亚拢沟钙化滩豪横漂移"的视频引发了网友谴责。三名游客称他们是为了测试越野车性能，并不知道自己所辗轧的是历经上万年才形成的"亚洲最大钙化滩"。而后，当地相关部门介入调查，要求三名当事人作出书面检讨并公开道歉，同时主动承担滩地植被恢复等相关工作。

无独有偶，陕西靖边波浪谷风景区岩石上多处可见游客留下的刻痕。景区一位工作人员既心痛又气愤地表示，这些被游客留下刻痕的岩石，600年也恢复不了原貌。

游客的每一次出游，都是一种休闲放松。然而总有极少数的人随意张扬个性，不遵守旅游景点文明条约，不能正确约束自己的行为，从而导致一些文物古迹受损，同时还破坏了个人甚至是国家的形象，成为阻碍社会文明发展的不和谐因素。

三、美景记心中，文明你我他

随着社会发展步伐的加快和公民思想认识的提高，各级政府和相关部门也相继下发各种文件指导和规范人们的旅游行为，并采用形式多样的活动来提示人们文明旅游、保护景观。国家旅游局为加强对旅游不文明行为的约束，制定了《游客不文明行为记录管理暂行办法》，将不文明行为记录在案，以此促进文明旅游成为一种自觉行为和良好习惯。近年来，各种公共场所随处都可以看到、听到关于遵德守礼、文明旅游的宣传提示语。在诗情画意的山水中，用语言潜移默化地影响游客，倡导游客遵守公约，争做文明游客，让每个人都融入秀丽风景里。

文明的旅游习惯不但可以达到保护旅游景观的目的，还可以在一定程度上减少不必要的资源浪费。在宏观层面上，国家形象的提升有赖于国民文明旅游习惯的养成。增强文明出游意识，提升自身素质，是每位游客应尽的责任。在游览名山大川、参观名胜古迹的同时，我们应注意个人的言行举止，自觉遵守公共秩序、爱护环境、保护名胜古迹、尊重民风民俗，将文明素养内化为自觉行动，从你我做起，从当下做起，从点滴小事做起，为自己留下美好的青春记忆和难得的人生经历。

荐　读

1. 图书《沿着塞纳河到翡冷翠》，黄永玉著。
2. 纪录片《航拍中国》《远方的家》。

为进一步引导学生培养文明习惯,把文明公民的观念根植于心,某院校计划开展以"文明旅游"为主题的宣传活动,请你为此活动设计一份方案,要求主题突出,任务明确,可操作性强。

(江苏省淮安市高级职业技术学校 陈少石 沈晓勤)

主题五
生生不息

  个体生命是短暂的，人类却生生不息。人的身体会老化衰亡，人的精神却可以绵延不绝。拥有文化的宝库和精神的家园，是人类的独特之处。丰富多彩的民俗风情、节日庆典、历史遗迹、生活传统和文化艺术会让我们体会到生命的厚重，感受久远的生命在一代又一代的传承中延续。

第一课　穿越时空的诗词之美

读诗不是为了成为诗人或文学家，而是学会欣赏，通过欣赏接触到更高级的人生，获得一生中无穷的安慰。

——钱穆

导　读

中华文化，熠如日月，灿若星河。古诗词历经千年岁月的淘洗，如三山五岳，巍然屹立；如长江黄河，源远流长。它平仄押韵、对仗工整、言简义丰；它博大精深，内涵深刻，意义深远。它的意蕴穿透历史，跨越时空。它是中华民族的精神财富，华夏文明的绚丽瑰宝，中国文化的华彩篇章。

品　读

孔子曰："不学诗，无以言。"古诗词里有美好的春花秋月，有壮美的名山大川，有深厚的历史文化，有赤诚的家国情怀。无论是李白的浪漫、杜甫的现实，还是苏轼的豪放、柳永的婉约，都让我们感受到情感的美好、内心的坚韧、生命的哲理。在古诗词的丛林中漫步，我们的精神生命能得以滋养；在古诗词的长河里荡漾，我们的精神生命会愈发绚烂。我们遨游其间，此乐何极？

一、古诗词涵养心灵

古诗词是根植在每一个中国人血脉里的文化基因，它的古风古韵不仅展现了汉字的魅力，更勾画出唯美优雅的意境，它厚重的意蕴不仅净化了我们的心灵，更润泽了我们的生命。

陈更是北京大学的工科博士，她几乎每天都在实验室中度过，古诗词是她闲暇时缓解压力、寻找灵感、保持韧劲的精神支撑。在她的生活里，机器人是她理性的左手，古诗词是她感性的右手。出于对古诗词的喜爱，陈更连续参加了四季《中国诗词大会》，天道酬勤，凭借扎实的功底，她终于夺得第四季《中国诗词大会》的冠军。她说："和计算机、英语等不同的是，古典诗词有一种生命的感召力。"

这就是古诗词的魅力，它在平仄起伏中表达丰富的情感，在起承转合中阐述深刻的哲理，诉说生命的美好。它打开了我们的思想，涵养了我们的心灵，如同一场春雨，润物细无声。

二、古诗词提升素养

古诗词凝聚了先贤的思想智慧，浓缩了历史的文化精华。它陶冶了我们的情操，丰厚了我们的底蕴，感染了一代又一代的华夏儿女。

她不仅是诗词才女，还是理科学霸，她小小年纪就拥有实力和才华，还拥有从容自信的态度，她就是"颜值与才华齐飞"的武亦姝。

武亦姝在读高中时就参加了第二季《中国诗词大会》，凭借强大的实力一举夺冠。她在《中国诗词大会》中沉稳淡定的表现让很多人都为之叹服。武亦姝从小就喜欢读书，尤其喜欢古诗词，这让当时年仅16岁的她就拥有了出众的气质。蒙曼老师评价她："诗歌的真善美是渗透到她心里去的。武亦姝的谦逊不是装出来的，而是有诗意在她心中，她站在那里气定神闲的样子，诗意就出来了，这就是所谓的'腹有诗书气自华'。"

古诗词是人一生的文化根基。它让我们懂得遇到失败不气馁，遇到困难不放弃，遇到压力不焦虑，我们唯有真切体味，才能获得心灵的愉悦、精神的洗礼和素养的提升。

三、古诗词鼓舞人生

古诗词是中国人世世代代相传的文化记忆，它早已融入我们的血脉，淬炼着我们的思想，鼓舞着我们的人生。

在第三季《中国诗词大会》总决赛中，来自杭州的外卖小哥雷海为的表现惊艳了所有观众，他一路过关斩将，成功击败来自北大的文学硕士彭敏，夺得冠军。

身为一名外卖员，雷海为经常风里来雨里去，但他怀里总是揣着一本《唐诗三百首》。他一边送外卖，一边背诗词，一边承受着生活的压力，一边充实自己的内心。商家配餐时，顾客取餐时，自己用餐时，都有古诗词与他相伴。在少得可怜的休息日里，他喜欢去书店里看书。没钱买书，他就把诗词背下来，回到家再默写出来。对很多人来说，读诗也许只是陶冶情操，而对雷海

为来说，诗词却彻底改变了他的人生轨迹。"千淘万漉虽辛苦，吹尽狂沙始到金"就是他的真实写照。诗词大会夺冠后，他不再送外卖，而是在一所学校担任教研老师，用诗词和自己的故事去讲述生命的意义和价值。

古诗词是民族的精神血脉，是国家的精神火炬。"宝剑锋从磨砺出，梅花香自苦寒来。""谁无暴风劲雨时，守得云开见月明。""莫等闲、白了少年头，空悲切。"……古诗词赋予我们无穷的精神力量，引领我们朝着心中的梦想砥砺前行。

诵读古诗词，犹如穿越时空隧道，让我们与遥隔千年的诗人同悲喜、共抒怀，体悟他们的睿思，感悟他们的人生，有"人生自古谁无死，留取丹心照汗青"的洒脱，有"山重水复疑无路，柳暗花明又一村"的豁达，还有"天生我材必有用，千金散去还复来"的大气，更有"会当凌绝顶，一览众山小"的高远……一首首古诗词让我们感受到了中华文化的璀璨，也终将带领我们走进更加丰盈的人生！

荐 读

1. 图书《飞花令里读诗词》，琬如著。
2. 纪录片《诗词中国》。

古诗词是中国优秀的传统文化,它有传承古今的意义,有感天动地的情怀,有勇担使命的气概,有创造未来的力量。作为中职生,我们应诵读古诗词,学习古诗词。请同学们在诵读古诗词时,记录对我们有激励作用的古诗词,并将对古诗词的理解写成随笔与同学分享,进一步提高自身的古诗词鉴赏能力。

(黑龙江省哈尔滨市第二职业中学校　侯再刚　曲亚男)

第二课 阅读点亮生命的光

书本原是人类思想的结晶，也就是启发人类思想的母胎。它产生了人生存在的意义，它供给了智识饥渴的乳料。

——郁达夫

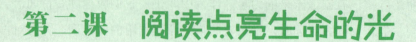

曾有人问过这样一个问题："我读过很多书，但后来大部分都被我忘记了，那阅读的意义是什么？"问题下面有一个点赞数最高的回答："当我还是个孩子时，我吃了很多的食物，大部分已经一去不复返而且被我忘掉了，但可以肯定的是，它们中的一部分已经长成了我的骨头和肉。"阅读，对我们思想的改变也是如此。

莎士比亚说："书籍是全世界的营养品，生活里没有书籍，就好像没有阳光；智慧里没有书籍，就好像鸟儿没有翅膀。"爱上阅读的人是幸运的，与书为伴的人是幸福的。

当我们把阅读变成一种习惯，阅读就会成为我们生命里的光，让我们看到一个更为广阔和深邃的世界。

一、阅读增长才干

山东省高密市有个相貌平平的乡村少年，他小学未毕业就辍学了，因为年幼体弱，干不了重活，父母便让他到荒草滩上放牧。当他牵着牛羊从学校门前路过，看到昔日的同学在校园里打闹时，他的心中充满了痛苦。书籍成了一剂抚慰他内心孤独与痛苦的良药。因为看"闲书"耽误了割草、放牧，他常常会受到父母的责备。他曾经为了看一本绘有许多精美插图的神魔小说《封神演义》，替人家拉了一上午的磨。

当时农村普遍贫穷，普通人家拥有的书很少，想借书也很难。但他还是通过各种方式看完了《三国演义》《水浒传》《儒林外史》这些经典著作，从老师那里看到了《青春之歌》《钢铁是怎样炼成的》，从二哥那里看到了《红灯记》《破晓记》《三家巷》。就这样，看"闲书"成了他童年时期的最大爱好。

很多年过去了，这个嗜书如命的乡村少年走上了写作的道路。《透明的红萝卜》《红高粱》《檀香刑》《生死疲劳》……他写的小说一部接一部出版，在文学界引起巨大的反响。

时间到了2012年，这位乡村少年已经临近耳顺之年，他迈着自信从容的步伐，身着燕尾服走入了瑞典首都斯德哥尔摩的金色大厅，被瑞典文学院授予诺贝尔文学奖，成为了第一位获此殊荣的中国籍作家，他就是作家莫言。

莫言在回忆他的童年生活时，曾说："读书最好的时期，当然是少年，那时心无旁骛，读得快也记得牢。但很可惜，我少年时，有时间读书但没书读；现在的孩子们，有许多的书，但没有时间读。"

所以，年轻朋友们，赶紧捧起书本阅读吧！让我们一起在少年时播下阅读的种子，你收获的不仅仅是广博的知识，更是才干与智慧。

⭐ 二、阅读坚定意志

2020年，疫情肆虐，一张年轻人在武汉方舱医院病床上读书的照片在网络上迅速走红。当许多人无所事事地刷着短视频时，这位患病的年轻人却在病床上淡定地读起了书。

这位年轻人姓付，目前在美国佛罗里达州立大学教书。他手里正在读的书是一本社会学著作——《政治秩序的起源：从前人类时代到法国大革命》。这位"读书哥"让我们看到了阅读的力

量，正如英国作家毛姆所说，阅读是一座随身携带的避难所。这座避难所，可以让我们的内心变得安宁，意志变得坚定，灵魂变得清澈。这座避难所，人人皆可拥有。

处于青春期的我们，眼里总是弥漫着淡淡的忧伤，我们徘徊在人生的十字路口，不知道到底哪一条是属于自己的路。我们总是有着太多的不解和疑惑，但通过阅读，我们可以找到许多问题的答案。

正如作家杨绛所说，年轻人最大的问题就是"读书不多而想得太多"。当我们踌躇不前时，不妨读一读李白的《行路难》，他告诉我们"长风破浪会有时，直挂云帆济沧海"；当我们意志消沉时，不妨读一读苏轼的《定风波》，他告诉我们"竹杖芒鞋轻胜马，谁怕？一蓑烟雨任平生"；孤独时读一读庄子的《南华经》，你会明白"独与天地精神往来"的可贵；痛苦时读一读司马迁的《报任安书》，你会知道苦难有时对我们来说是一笔巨大的财富。

总之，读书吧，只要肯读书，一切的忧虑将会烟消云散，一切的烦恼将会迎刃而解。阅读将使我们的意志变得更加坚定，让我们修炼出柔韧的内心，在坎坷的人生旅途中坦然地面对风风雨雨。

★ 三、阅读成就生命

学会阅读的人是幸运的，把阅读变成习惯的人是幸福的。阅读不仅给予我们知识和力量，更让我们的灵魂在千百次的阅读中经受洗礼，从而见天地，见众生，见自己。

某校学生小周很有学习的天分，但是性格内向，也不喜欢交际，总是喜欢一个人独来独往。直到有一天，他加入了文学社，喜欢上了阅读与写作，渐渐地，他开始卸掉身上坚硬的"壳"，尝试打开心扉，学会包容接纳他人。一年之后，他的短篇小说获得了当地原创文学大赛三等奖，老师请他给同学们讲一讲阅读和写作的心得和技巧。当他站到讲台上，面带微笑侃侃而谈时，他的生命已经发生了改变，阅读就是他生命里的光。

在希腊的德尔菲神庙里，有一块石碑，上面刻着一句铭文——认识你自己。在阅读中，我们找到自己心仪的

书，被一句诗词所打动，被一篇散文所感染，被一部小说所吸引，都是因为我们在这浩瀚的书海里发现了和自己生命本质相似的东西。

培根在《谈读书》中曾说："读史使人明智，读诗使人聪慧，演算使人周密，哲学使人深刻，伦理学使人有修养，逻辑修辞之学使人善辩；凡有所学，皆成性格。"

所以，阅读吧，当我们爱上了阅读，就能看到更大的世界。通过阅读，我们将拥有坚强的意志和解决问题的智慧，同时我们的生命也将变得辉煌无比，因为阅读的光已将生命照亮！

荐 读

1. 图书《如何阅读一本书》，［美］莫提默·J.艾德勒、查尔斯·范多伦著。
2. 电影《死亡诗社》。

知行合一

小雨从小就喜欢读书，但住校后发现周围的同学不是看韩剧，就是打游戏，只有一小部分人喜欢读书。她想带动大家在课余时间一起来读书，让大家发现阅读的好处。如果你是小雨，你会怎么办？

（安徽省阜阳市皖北经济技术学校　周强山　张飞）

第三课　丰厚生命　对话经典

对历史文化特别是先人传承下来的道德规范，要坚持古为今用、推陈出新，有鉴别地加以对待，有扬弃地予以继承。

——习近平

中华文化源远流长，国学经典长盛不衰。经典犹如春天的繁花，散发着馥郁的芬芳，犹如夏日的繁星，闪烁着夺目的光彩，更像冬日的暖阳，温润着我们的心田。感悟经典，接受传统文化的熏陶，找寻我们的精神家园；与经典相伴，让先贤的情怀和智慧，成为照亮我们心灵的一缕阳光，点亮我们的生活；对话经典，阅读人生，解读自己，洞见生命的真谛。

叔本华说："高级的精神文化，往往会使我们渐渐达到另一种境地，从此可不必再依赖他人以寻求乐趣，书中自有无穷之乐。"中华优秀传统文化正是我们赖以生存的精神支柱和心灵家园，而其中的经典著作是文化的精粹、文明的积淀，是我们成长的源泉和力量，帮助我们驱除困扰，遇见生命中的美好，启迪生命的智慧。

南宋词人辛弃疾曾在《贺新郎·用前韵再赋》里写"叹人生、不如意事，十常八

九。"生活中，学业、职业、家庭总会带给我们无尽的困扰。面对困境，我们总能从经典中汲取战胜困难的能量。

姚永朴《旧闻随笔》中记载的"六尺巷"的故事或许可以给我们一些启发。清康熙年间，张英担任文华殿大学士兼礼部尚书。他老家桐城的祖宅与吴姓人家为邻，两家院落之间有条巷子。后来吴家要建新房，想占这条路，张家不同意。双方争执不下，于是，张家人写了封加急信送给张英，要他出面解决。张英的回信只写了四句话："千里修书只为墙，让他三尺又何妨？万里长城今犹在，不见当年秦始皇。"家人读罢，主动让出三尺地。吴家见状，很是愧疚，也主动让出三尺，"六尺巷"由此得名。

豁达，是一种为人处世的智慧和艺术。豁达的人视人世间的利益为小事，视人生中的风雨为磨砺，时时充满自信，不断成就自我，成就光辉的人生。

二、阅读经典，增强自信

经典里面有故事，有知识，还有爱，能让我们走进美好的世界，从而变得自信与从容。

200多年前清代袁枚的一首小诗《苔》，赞美了渺小的苔花在幽暗中也要昂首怒放。2013年，一个渺小如苔花的老师，梁俊，背着吉他，把心中的桃花源带到贵州乌蒙山，把古诗唱成了歌。除了《苔》，梁老师为孩子们带来了100多首诗词，其中50多首谱成了曲，在大山里回响。在诗词的熏陶下，孩子们驱散自卑，快乐起来，努力向阳生长。

《经典咏流传》的舞台上，梁俊带着他的学生，唱"苔花如米小，也学牡丹开"，深深打动了观众。这群"苔"在偏远山区开出了顽强的花。梁老师的学生腼腆而坚定地说："老师要让我们像牡丹一样勇敢地开放。"他用自己独特的方式打开了孩子们的心扉，改变了山区孩子的世界。

他们用纯净的歌声告诉我们，平凡人也能拥有把握自己人生的权利，绽放芳华，实现自身价值。正如鉴赏团成员王黎光所说："经典和艺术的本真就是如此——让生命平凡而卓越。"

三、阅读经典，收藏智慧

中华优秀传统文化中蕴含着丰富的人生智慧。走进经典，我们能从中国优秀传统文化中汲取灵感和智慧，把古人的智慧创造性地运用于实践，将中华优秀传统文化中的精髓转化为精神动力，切实提高我们的修养和才能。

著名主持人董卿曾在参加访谈时说："中国古典诗文是中华文化宝库中的精华。"记者又问："您认为如何能培养出像您这样优雅的气质？"董卿答道："我特别喜欢巴金先生的一句话，人不是只靠吃米活着的。这就是说，除了吃饭，除了物质，我们更需要精神的滋养，它能够让我们变得更丰富、更深厚、更完善。学习国学经典，就是在心里播撒文化的种子。久而久之，这些美好情绪就会积淀在人的内心世界，内化成为个人品质，这样人格品位也会得到提升。"阅读国学著作让董卿的思维更加广博，让她的人生更加充实，也正如她自己所说，让她能够"永远把最好的状态留给观众"。

国学经典穿越千年，依旧散发出熠熠光辉，滋养着我们每一个人的生命。

荐　读

1. 图书《蒋勋说文学：从〈诗经〉到陶渊明》，蒋勋著。
2. 图书《唐宋词十七讲》，叶嘉莹著。

请你列出你的待读书目，阅读其中三本图书并写下你的读后感。

（四川省成都市建筑职业中专学校　李让秀）

第四课　孝敬父母，传承优良家风

孝子之至，莫大乎尊亲。

——孟子

　　孝，子承老也，指善于侍奉父母长辈；敬，即内心尊敬、恭敬。我们每个人都是子女，将来也将成为父母长辈，因而我们要从小做起，学会孝敬父母，将中华民族的这项优秀传统文化传承下去。

　　如今，我们大多数人的父母正值年富力强之时，我们理所当然地享受着父母提供的一切，却没想过能为父母做点什么，也许还因为一点不如意的小事就迁怒父母、怪罪父母，甚至走极端以至酿成悲剧！中国人向来注重家庭，而孝和爱是维系家庭的纽带，我们不能仅仅接受来自父母长辈的爱，而要学习孝的内涵，学会孝敬父母，让家更温暖。

一、孝的内涵

　　孝是一个会意字，在其字形中，上部像一位长发曲背扶杖的老人，下部像一个年幼的孩子。以幼儿搀扶老人之形，以会孝敬父母之意。这承载着古代圣贤对后人如何尽孝的嘱托。

孝，是中国文化的精髓，我们都懂得"百善孝为先"。然而，却有这样一个故事。有一天，父亲对儿子说："你看，爷爷年老体弱，活在世界上一点用处都没有，天天躺在床上，还要吃我们的、用我们的，不如把他抛到深山老林里去算了。"半夜，父子俩把爷爷装在箩筐里抬到了山上，正准备丢下爷爷的时候，儿子说："我们只要把人扔掉就算了嘛，为什么把箩筐也扔掉呢？"父亲生气地说："你这小子懂什么呀，人都不要了，你还要这个破箩筐干什么呢？"儿子说："你如果把这个箩筐也扔了，将来我和我的儿子用什么把你抬到这里来呢？"

父母是孩子的榜样，如果父母自己不孝敬老人，孩子也会模仿这一行为，不孝之风也就随之代代相传。我们一定不想在风烛残年之时孤苦伶仃，既没有获得收入的能力，也没有子女的探望和照料。那么我们就要学会孝敬父母，回馈父母的养育之恩，将来也给自己的孩子做个好榜样，等自己到了耄耋之年，也能享受家的温暖。

二、孝的生命意义

孝不仅仅是维系家庭的纽带，它更包含了深刻的生命意义：懂得父母养育自己的不易，就不会轻易伤害自己的身体让父母伤心；懂得回馈、报答父母的教导，我们就会自立自强，不断拼搏；懂得尊敬长辈，我们就能与他们和和气气地相处，避免矛盾……孝让我们对自己、对父母都承担起了一份责任，让生命更坚强、更灿烂。

孝从珍爱生命开始。《孝经》有言，"身体发肤，受之父母，不敢毁伤，孝之始也。"这是孝最初的生命意义，即爱惜自己，包括爱惜自己的身体和名誉。首先，我们要珍爱自己的生命，不随意伤害自己的身体。其次，要注意保护好自己，不和别人发生冲突，不令父母担忧。最后，我们要遵纪守法，不做违法乱纪的事情，否则不仅损害自己的名声，还会陷父母于不义。爱惜自己是孝敬父母的开始，这不仅关乎自己，更关乎我们的家人。

孝能激励人不断进取。目前，父母也许还不需要我们去供养，但是我们需要为将来供养父母做好充分的准备，我们要努力学习知识、掌握技能，练就谋生的本领。有的同学家庭条件很好，但是如果自己不努力，全部依赖家庭，那么未来自己也难以得到发展。我们至少要努力学会谋生技能，不令家人担忧。

孝能使人和颜悦色。《礼记·祭义》有言，"孝子之有深爱者，必有和气；有和气者，必有愉色；有愉色者，必有婉容。"平时，我们跟父母说话不注意，甚至抱怨父母，这些都是不孝的表现。当我们做到孝敬父母时，我们就能和颜悦色地对待身边的人，营造和谐、快乐的氛围，从而避免因态度不好、脸色难看等引起矛盾。

我们不理解孝的生命意义时，小则影响自身行为，大则危及生命安全。深入理解孝的生命意义，既是对中华美德的传承，更是为成就生命打好基础。

三、孝在身边

当面对通情达理的父母时，我们对父母产生孝敬之心是常态。然而当父母顽固守旧或身患疾病时，这时孝敬才是难能可贵的！让我们一起来看金华磐安"奔跑男孩"洪俊豪的故事。

每天放学，洪俊豪都会一路奔跑回家，因为他要照顾瘫痪的母亲。给妈妈做饭、洗漱、讲笑话，开导妈妈，逗她开心……这样的生活，洪俊豪已经坚持了四年。奔跑着上学，奔跑着照顾妈妈，洪俊豪用脚步和汗水诠释了孝道。

我们先想想自己的处境比洪俊豪还难吗，遇到的问题有比他的困难还难处理的吗？如果有，我们应如何解决；如果没有，想想我们是否应该感恩所拥有的这一切，然后加以珍惜呢？

孝有很多的表现形式。平时和父母好好说话，不使性子，不摆脸色；做力所能及的家务；逢年过节给家中长辈打个问候电话；当与同学、老师或者他人发生冲突时，积极地寻求解决的办法，不让父母担忧等都是孝顺的表现。如果父母体弱多病，照顾他们、不离不弃就是孝；如果父母脾气暴躁，应以理解他们为孝；如果父母勤俭持家，应以体谅他们、扶持他们为孝……

当然，作为新时代的青少年，我们也不能有愚孝心理。父母并非圣人，他们也有犯错的时候。当父母误解我们

时，我们不要对父母发脾气、使脸色，可以在大家都心平气和时加以沟通，解决问题，但不要顶撞父母；当父母做错事情，比如怂恿我们饮酒、吸烟甚至赌博时，我们更不能服从，要明确拒绝。

当我们时刻想着孝敬父母时，就可以以阳光的心态去面对一切困难，做到不任性、不偏激、不钻牛角尖、不意气用事、不走极端，做到清醒为人、理智处世，保护父母给予我们的生命，尊敬养育我们的父母。

荐 读

1. 图书《一个人好孝顺：高木直子带着爸妈去旅行》，［日］高木直子著。
2. 电视剧《正阳门下》。

知行合一

请分别列出你以往生活中"孝"与"不孝"的十种表现并思考以后如何改进。

"孝"的表现	"不孝"的表现	改进方法

（广西壮族自治区钦州市教育局　阳丁玉）

第五课　生命因诚信而美

君子乾乾不息于诚。

——周敦颐

诚信如酒，让人回味；诚信如花，动人心魄；诚信如灯，引人前行。古往今来，因为诚信做人赢得友情、成就事业、收获幸福的故事俯拾皆是。生命因诚信而美丽，生命因诚信而精彩，让我们在生活中多一份真诚，多一点信任，脚踏诚信的净土，浇灌出生命中最美丽的鲜花。

诚信，顾名思义就是诚实和守信，即以诚待人，信守诺言。古有曾子杀猪践诺、商鞅立木取信的典故，今有张瑞敏怒砸问题冰箱、白山方大集团30年无一假货的案例。诚信作为中华民族的传统美德之一，对个人而言是立身之本，对企业而言是信誉保障，对社会来说是公序良俗，对国家而言是发展基石。

一、诚信立身，传承美德

孔子曰："人而无信，不知其可也。"孟子曰："诚者，天之道也；思诚者，人之道也。"人无信不立，国无信不强。经过千百年的积淀和发展，"诚信立身"的精神气质已熔铸于中国人的血脉，成为中华民族的精神密码。

我国古代就有许多关于诚信的故事。明代著名学者宋濂小时候很喜欢读书，因为没钱买书，只好向别人借书抄录。每次借书，他都会按约定的时间归还，从不违约。一个寒冷的冬夜，他借到一本书看得爱不释手，为能按时还书，他连夜抄书。母亲心疼地说："孩子，都半夜了，天冷，等天亮再抄吧，这书人家又不等着看。"

宋濂却说："不管人家等不等着看这本书，到期限还书，这是信用问题。如果说话做事不讲信用，又怎么能得到别人的信任和尊重呢？"

这个故事告诫我们，答应别人的事情就一定要做到。言而有信，是一个人的立身之本，是中华民族世代相传的美德。

二、诚开金石，信步天下

古今中外，成功者无一不践行"诚信"美德。无论是富甲一方的商人，还是德高望重的智者，他们能受人尊敬，获得成功，均源于知行合一、坚守诚信。

海尔集团，这个由中国走向世界的企业，有一句很著名的广告语"真诚到永远"。海尔集团董事局主席张瑞敏如此解释，一个企业要永续经营，首先要得到社会的承认、用户的承认。企业对用户真诚到永远，才有用户对企业的认同，才能保证企业向前发展。

1985年，海尔集团董事局主席张瑞敏的检查厂里生产的冰箱，发现很多台冰箱都有小瑕疵。朋友离开后，张瑞敏派人把仓库里的400多台冰箱全部检查了一遍，结果发现有76台存在缺陷。此时的张瑞敏十分矛盾，当时一台冰箱的价格是800多元，相当于一名职工两年的收入。想到质量是产品的生命，信誉是企业的灵魂，最终张瑞敏带领职工抡起大锤把76台问题冰箱当众砸毁。正是凭着"以质量求生存，靠信用闯天下"的理念，海尔集团走出国门，成为国际知名品牌。

"世界上最无价的东西是人心，要赢得别人的心，只有拿自己的心去交换"，这是张瑞敏的管理名言，同时也是他的企业经营之道。诚信做人，坦荡做事。人与人之间，只有以诚相待，才能获得信任，谋得发展。

三、诚信律己，用信昭人

诚信似一缕阳光，照亮了自己，也温暖了他人；诚信似一湾清泉，洗净心中的尘埃，让我们焕发生机。因此，正处于青春期的我们应坚守诚信的阵地，努力做到：

1. 诚信律己，小事做起。我们要从考试不作弊、上课不迟到、不抄袭作业等做起，严格要求自己，不弄虚作假，做个诚实的好学生。

2. 守时守约，从我做起。与朋友聚会要按约定的时间准时到达，切莫迟到、爽约；与他人达成约定后，要遵守约定，特别是涉及保密的事项，要做到守口如瓶。

3. 讲究信用，注重信誉。对待同学、朋友、老师、长辈，我们要做老实人，说老实话，办老实事，恪守信用。

4. 践行诺言，言而有信。不要随意答应没有把握的事，对有把握的事也应考虑周详，方可答应；一旦许诺他人，就要做到言出必行，不可失信于人。

鲁迅说："诚信为人之本。"每个人都希望自己身处一个诚信的世界，那么，就让我们从自身做起，做一个诚实守信的人，感悟生命的意义。

荐 读

1. 图书《朱子家训》，朱熹著。
2. 图书《我不是教你诈》，刘墉著。

知行合一

在我们的日常生活中，诚信表现在很多方面。我们可以对照文中写到的几条原则，将日常生活中的事件记录下来，反思自己的行为。例如，我们按时归还了从图书馆借出的书籍，就记录在"诚信事件"一栏；某天和朋友约好时间见面，自己却迟到了，就要把这件事记录在"非诚信事件"一栏。

时间	诚信事件	非诚信事件

(浙江省衢州市工程技术学校　黄晶)

第六课 善良之花 灼灼其华

> 人啊，你要有善良的心，丰富的心灵，高贵的灵魂，这样你才无愧于人的称号，你才是作为真正的人在世间生活。
>
> ——周国平

善良是精神世界的那一抹阳光。当我们心存感恩，选择善良时，灵魂深处就会变得温暖起来。当每个人都把善良传递给别人时，世界就会变得更美好。

寒来暑往，春去秋来。每个人的生命都是在冷暖变化中前行。善良让世界充满温暖，岁月因此溢满馨香。正如罗曼·罗兰所说，"灵魂最美的音乐是善良"。当我们以一颗善良的心感知世间冷暖，用一双善良的眼去看尘世纷繁，源源不断地传递善言善行时，明亮的阳光和曼妙的音乐就会伴随周身。

一、善心浇灌善良之花

2020年，我们共同经历了一场严峻的考验。除夕前夜，一封请战书在朋友圈刷屏。满满的红手印，铮铮的誓言，让人深受感动。原第一军医大学南方医院赴小汤山抗击"非典"医疗队全体队员，请战抗击新冠肺炎。他们中有医学博士，有护理工作者，甚至还有离退休老干部。在肆虐的病毒面前，我们看到的是84岁仍带队出征的钟南山院士，看到的是每天只睡3个小时、与死神赛跑的李兰娟院士，看到的是临危受命、努力研发新冠病毒疫苗的陈薇院士，看到的是身患绝症仍坚守一线的张定宇院长，看到的是一张张被防护服、护目镜、口罩遮挡的面庞，更看到的是一个又一个普通而又平凡的中国人。正是这些"中国力量"，筑起守护百姓生命安全的坚强长城，他们用热血浇灌了一朵朵生命之花。

我们虽然没有像医护人员那样坚守在抗疫一线，但是我们同样可以拥有善良的灵魂。赠人玫瑰，手有余香。与人为善，尽自己所能伸出援手帮助别人。善良，不是为了博得别人的赞美，也不是为了收获回报。让我们日行一善，以善心灌溉善良之花，让生命赞歌奏响青春的旋律。

二、善言一句三冬暖

疫情期间，赵斌独自一人居家观察了14天。元宵佳节，他虽然无法和家人团聚，但收到了来自邻居的关心：一碗热腾腾的汤圆和一张纸条。纸条上写道："亲爱的邻居，疫情很快会过去，待到春暖花开，我们再相聚。加油！元宵节快乐！"这一碗甜糯的汤圆，带来了温暖；这几句简短的话语，带来了坚持下去的勇气。在独自隔离的这段时间里，赵斌不再孤独。

这几句温暖的话语，记录着平凡人的善良。一句无心的话也许会引起纷争，一句冷酷的话也许会摧毁生命，但一句机智的话能够化解窘境，一句知心的话能够抚慰心灵。善言犹如一股暖流，滋润心田。善言，是为受窘的人说一句解围的话；善言，是为疑惑的人说一句提醒的话；善言，是为沮丧的人说一句鼓励的话；善言，是为自卑的人说一句鼓励的话。我们用语言温暖他人的同时，也照亮了自己。

三、善小仍需尽力为

善行，源于我们的内心。发自内心的善，像大地般广博又像空气般包容，像春风般和煦又像阳光般温暖。我们的善行体现在懂得尊重每一个人的快乐，保护身边人的自尊，努力成为更好的自己。

有一位中职学生，从学校毕业后来到当地供电局工作。14年来，她坚持参与眼角膜劝捐、扶贫助弱公益活动，写下了200多万字的《角膜劝捐日记》，帮助盲童寻找学校，鼓励盲人就业。2020年抗疫期间，她不眠不休地在全国各地对接防疫物资，服务18省133

支援鄂医疗队。

她就是胡芳,她在回校访谈中向学弟学妹们坦言:"不要以为在中职学校读书就低人一等。道路不止一条,选择权在于自己。而我,选择了善良。"

法国思想家卢梭曾说:"善良的行为使人的灵魂变得高尚。"轰轰烈烈做慈善固然是善良,细微小事替人着想也是善良。存善心,讲善言,做善事。每一个善良的行为,都是生命中珍贵的印记。见义勇为是善,雪中送炭也是善,课堂上向老师鞠躬问好是善,校园里随手拾起掉落的纸片也是善。积沙成塔,积善成德,一言一行总关情,善小仍需尽力为。

荐　读

1. 图书《夏洛的网》,〔美〕E·B·怀特著。
2. 图书《苹果树上的外婆》,〔奥〕米拉·洛贝著。

知行合一

"老吾老以及人之老,幼吾幼以及人之幼"是中华民族的传统美德。然而,近些年来这一美德却面临着现实的窘境。如果你在上学的途中遇到跌倒的老人,周围没有摄像头,也没有过路人,你会怎么做?

(浙江省金华市兰溪市职业中等专业学校　余悉英)

第七课　战"疫"点燃家国情

苟利国家生死以，岂因祸福避趋之。

——林则徐

有首歌是这样唱的，"家是最小国，国是千万家"，这唱出了一个亘古不变的真理——国在家在，无国何以为家？

家国情怀是一种深埋在中华民族记忆中的集体意识，是天下为公、舍小保大的深明大义，是天灾人祸面前，中华祖先留给我们的最有力的智慧。大国为小家遮风挡雨，小家为大国出尽全力。国际形势变幻莫测，疫情防控危机四伏，正是家国情怀让我们心安，合力防疫。

一、家国情怀，唤醒爱国情

如今，雷锋、焦裕禄、孔繁森等人已离我们远去，仿佛这些为国家奉献自己青春甚至生命的人，只存在于影视作品中。国家大事仿佛离我们很远，平日里我们多是"佛系""宅"的状态，缺点"为国洒热血"的激情。但这一次疫情让大家意识到，其实现在的我们与历代中国人并没有什么不同，我们都有着相同的家国情怀。

每一代中国人内心深处都有着相同的家国记忆，我们都在寻找自己的根。这根是老舍笔下的北平，是郁达夫心中故都的秋，也是李子柒的视频里的乡村生活，也是疫情期间中国人民的团结一心。现今，爱国也有了新形式——中国电信联合央视发起武汉火神山、雷神山医院建设直播，众多"后浪们"在线"云监工"，为建筑工人点赞。

疫情唤醒了我们心中的忧患意识，使我们有了更多的牵挂。很多网友每天在线刷新闻，关心着国家、城市的疫情动态。家与国，牵一发而动全身，这种无形的联系在危机面前越发变得清晰可见。

二、家国情怀，接过担当的"接力棒"

2020年春天，九省通衢的武汉迎来了一场史无前例的"战役"。新冠肺炎疫情突如其来，一夜间医护人员前仆后继，奔赴武汉。欧美国家还在慌乱之中，我们却已摸索出了一套防疫"组合拳"，近至社区，远至国境线，处处有防御，分秒不放松。我们的内心难道不害怕？慌乱、害怕是必定的。对于生活在和平年代的我们，这一次疫情可以说是终生难忘的回忆，但面对危机，中国自上而下全力抗疫，为每一位年轻人上了一节家国情怀课。

中国的每一个人都为抗疫各司其职，各尽其能。老一辈的钟南山、李兰娟院士，挺身而出，奋战在一线，用多年积累的智慧和专业知识引领全国人民科学抗疫；疫情更点燃了爱国企业的热情，比亚迪生产线改产口罩，京东、盒马鲜生全力保障物资供应；火神山、雷神山医院的建设工人们努力发挥自己的力量；年轻人在网络上为武汉等地加油呐喊。此刻，所有人都明白，我们在同一条风雨飘摇的小船上。

危机之下，我们用自己的方式，传承与发扬着我们中华民族最重要的品质之一——爱国爱家。我们不仅关心小家，而且看重国家利益。一线抗疫的医疗人员，社区的先锋志愿者，甚至小区里忙碌不停的快递小哥，他们都懂得一个最简单的道理，在危机面前，家国的最大合力才是最强的抗疫武器，因此上至国家领导，下至快递小哥，每个人都一心一意站好自己的"抗疫岗"。我们在书本上学到的家国情怀、仁爱之心、守望相助，现在成为了我们最有力的武器。

三、家国情怀，勠力同心

千百年来，"一方有难，八方支援"的文化信仰，早已成为我们抵御危机的最佳良

方。危难面前，医务人员冲锋在前，普通民众坚守在后。小区里日夜巡逻的保安，测温调研的社区工作人员，不停送货的快递员，每一个中国人都为建起抗疫防线添砖加瓦。

家是最小国，国是千万家，家国情怀，其实指的就是一种对于"命运共同体"的认同：你中有我，我中有你。修身、齐家、治国、平天下，既要解眼前之难，又要放眼未来。正是有了家国情怀，中华民族才有了长远的视野，能够群策群力、众志成城。

家国情怀让我们每一个人心系祖国发展，为祖国的发展尽一份力。同时，我们也在与祖国共同发展，祖国是我们发展的助推器。在这次疫情中，我国的科技企业、电商公司与祖国的抗疫步伐保持一致，强大的数字基建、物流网络、监控系统，为保障小家生活需求和大家抗疫需求做出贡献。为国付出的普通人也成了疫情之下一道亮丽的风景线，而这些都源于个人的甘于奉献和着眼于国家的大局意识。梁启超说："纵有千古，横有八荒。前途似海，来日方长。"中国千年文化积淀出的家国情怀，成为了我国传统文化中最有力的"内功"。青年有担当，国家有力量，我们必将转危为机！

1. 图书《家国书》，王旭烽著。
2. 电影《江南》。

知行合一

疫情期间，有许许多多的人为抗疫贡献了自己的力量。请你结合自己的经历，谈谈你是如何贡献自己的力量的。

（广东省深圳市第二职业技术学校　蔡衡）

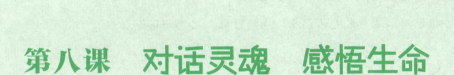

第八课　对话灵魂　感悟生命

世界上唯一有价值的东西就是一个人充满活力的灵魂。

——［美］拉尔夫·瓦尔多·爱默生

人生其实就是一场修行，而修行就是为了获得丰盈的内心。关注心灵的成长，与灵魂对话，建造自己的精神家园，做到从容为善，贵而不显，华而不炫，是每一个人的追求。让我们一同走进心灵深处最本真的那一处圣地吧。

一、对话英烈，敬重生命

"尊敬的刘智明医生：

您能听见么？

……

您是新冠肺炎疫情发生以来首位殉职的医院院长。您本不是战士，而是一位医生，可在这场疫情中，您如同战士一般，守在战斗一线，可敬可叹！敬您舍己为人，救死扶伤，叹您为国为民，天妒英才！

……

51岁的年纪，人过半百，正值壮年。没等到看女儿成家立业，结婚生子；没等

到爱人头发花白，伴她终老；没等到战胜疫情，看大好河山。怎能不恨？怎能没有遗憾？您的牺牲，老百姓会永远记得……

很遗憾以这种方式认识您。向您致敬，愿您一路走好。"

"尊敬的董李会、陈桂荣、罗桂梅、夏思思：

你们还好吧？

今天，在新闻中得知你们被追授"湖北省三八红旗手"称号，我既激动又难过，激动的是你们成为广大女同胞中的英雄，难过的是你们已经在另一个世界里……"

这些是来自吉林经济贸易学校同学们的悼念信。

2020年，对于每一个人来说都很特殊。春天来得比较迟、比较慢；清明时节，也比以往多了些悲壮。每一天，我们的灵魂都在接受着洗礼；每一刻，我们的心中都充满着对明天的无限祈盼。

从耄耋之年的钟南山院士到"90后"小学音乐教师华雨辰，从中国工程院李兰娟院士到挺身接送医护人员上下班的快递小哥汪勇，从身患绝症的武汉金银潭医院院长张定宇到广州的退伍军人刘森波……抗击疫情的分分秒秒，居家隔离的日日夜夜，我们有了更多的时间与高尚的灵魂对话，在与灵魂的对话中体悟生命的意义。

在危难面前，每一位中国人，不问性别年龄，不分地域身份，都在竭尽全力，诠释着什么是责任和担当，诠释着什么是情怀和使命。在2020年这场特殊的"战役"中，每个人都在用满腔的赤诚守护着一个又一个生命。

二、对话众生，尊重生命

"推开世界的门，你是站在门外怕迟到的人，捧着一颗不懂计较的认真……"这是纪录片《人生第一次》的片尾曲，这首《推开世界的门》推开的不仅仅是普通人的生活之门、理想之门，推开的更是第五辑《上班》中描述的特殊人群的生存之门、心灵之门。

2019年，天猫"双十一"全球购物狂欢节总成交额突破2684亿元，可有谁知道，服务在屏幕后的是一群残疾人。他们，有的患有脑瘫、小儿麻痹症，有的重度烧伤、肢体残缺。他们用脚打字，用心交流，用情服务。为了这一刻，这些残疾人付出了很多很多。然而，在享受平等与尊重的同时，他们永远也不会忘记为他们打开多彩世界的恩师——王绍军。他也是一位残疾人，同时也是残友就业培训基地的创始人。

王绍军患有腓骨肌萎缩症。经历过绝望之后，振作起来的他很少抱怨，靠经商创建了这个基地，免费培训所有报名的残疾人，帮助他们成为电商客服，拥有一份生活保障。他常跟他的伙伴说："不要认为自己没有用，不要让自卑左右你，每个人的价值都不同，相信你就是最好的……"

每一片叶子都是一个绿色的世界，每一朵花蕾都是一个灿烂的春天，每一个努力的灵魂都是生命的奇迹。

三、对话未来，珍惜生命

没有人生来就是英雄，但总有人用平凡的付出成就伟大。正如普通的你我，每一天，都在用平凡的生命创造美好的未来。

马克·吐温说："在衣着上你可以不修边幅，但切不可让灵魂染上污点。"芳华正好，青春犹在，我们该以怎样的姿态度过自己的一生，让灵魂有所归依呢？

趁年少，认真地为自己做一次规划，甩除尘世的羁绊，抛却凡俗的纷扰，找寻灵魂深处的那盏灯塔，让它指引我们在风雨中砥砺前行。

"敦煌的女儿"樊锦诗把大半辈子的光阴都献给了敦煌，视莫高窟的安危如生命，努力守护人类优秀的文化遗产。中国著名病毒学专家、脊髓灰质炎疫苗研发生产的拓荒者顾方舟，31岁时临危受命，以自己的孩子做试验，使无数儿童免于致残，此乃大仁大爱。

正如社燕，春来秋去未曾迷茫，是因为它对自己的航线了然于胸；正如秋鸿，南来北往迁徙繁衍，是因为它对自己的使命始终牢记在心。

每个人只有一次生命，我们要把握好灵魂的方向，扬起自信的风帆，划起奋斗的双桨，驶向成功的彼岸。让我们不负韶华，创造无悔青春！

荐 读

1. 图书《此生未完成》，于娟著。
2. 纪录片《人生第一次》。

请你给未来的自己写一封信,谈谈自己对生命的感悟和对未来的期待。

(黑龙江省吉林经济贸易学校 徐敬慧)

第九课　美丽的人生旅程

正因为有死亡的存在，生命才会显得光芒四射。

——［日］山田宗树

导　读

同学们，你们知道什么是死亡吗？我们应该怎样面对死亡呢？我们怎样才能让自己有限的生命更精彩呢？好好地体验人生，享受世界的真善美，让自己不断升华成长，让这个世界因你而芬芳，这才是活着的意义！

品　读

一、理解"死"与"亡"

德国哲学家海德格尔指出，"死，可以指一个过程，就好比人从一出生就走向死的边缘，我们度过的每一秒钟都是走向死的过程。亡，指的是亡故，是一个人生理意义上真正的消亡，是一个人走向死的过程的结束。他对"死亡"做了拆分定义，在语言学的层面上对"死"和"亡"进行了区分。在海德格尔的哲学体系中，"死"具有物质的运动属性，由生物的必然规律决定，是一件无时无刻不在发生的事情。"亡"是我们每个人的最终归宿，生命或长或短，但结束必然来临。

"向死"就是一个过程，我们活着的每一天，或甜或苦，或喜或悲，都改变不了生命的结局，也正是因为这个不可改变的结局，我们生的每个瞬间都格外珍贵。所以，我们要珍惜每分每秒，焕发积极进取的力量，提高生命的质量，努力让人生有价值、有意义。

二、生命的美在于过程

"我们无法延长生命的长度，却可以拓展它的宽度；我们无法延长生命的长度，却可以丰富生命的内涵。"生命之美，在于它的绽放，也在于它的从容。

五月，是花开的季节，也是感恩的季节。5月12日是国际护士节，这个节日是为了纪念现代护理学创始人弗罗伦斯·南丁格尔，鼓励广大护士继承和发扬"人道、博爱、奉献"的精神而设立的国际性节日。2020年，因为新冠肺炎疫情，这个节日显得更加特殊而庄重，护士在抗疫中所体现出的爱、专业和坚守谱写了一首春天的赞歌。

人来到世间不是为了死亡，而是为了享受生命的美好过程，让生命过得充实、愉悦、有意义。每个人的生命都是有限的，没有人生来就伟大，但是因为心中的职业信念，舍己为人，其人生就会变得伟大。在2020年的疫情阻击战中，白衣战士们挺身而出，让我们看到什么是完美的人生。通过媒体报道，我们看到了白衣天使们忙碌的身影，她们的脸上因长时间戴口罩而留下了压痕，严重的甚至还落下了伤疤；他们因为经常使用消毒水，双手干燥、皲裂，他们每天身穿厚重的防护服战斗在岗位上。他们所经历的艰辛与困苦，是常人难以想象的！

每位护士都是血肉之躯，也为人子女，为人父母，但他们为了救治更多的患者，告别了年幼的孩子，告别了年迈的父母，舍小家顾大家，同时间赛跑，与病魔较量，有的甚至付出了自己年轻的生命。一位"90后"护士在日记中写过这样一段话："没有人天生就是英雄和超人，在家里我们是女儿、妹妹、妈妈，既然穿上这护士的白衣，国家需要我们，我们必须挺身而出，全力以赴，心有所至，一往无前。"在这场没有硝烟的战争中，白衣天使的坚持让我们感受到了生命的顽强与伟大，他们的奉献与付出使生命绽放，开出最美的花朵。

三、人生的真谛

人生的真谛在于让自己过得愉快，让别人过得愉快，在善待自己的同时更要善待别人。那么，到底怎样做才能实现人生价值呢？

首先，人生价值体现在劳动奉献中。劳动着的人是幸福的，劳动和奉献是实现人生价值的必由之路。护士们心中秉持信念，她们用责任心和理想信念诠释了"向死而生"的信心来源。她们在救治新冠肺炎病患时以实际行动践行着"我决心竭尽全力除人类之病痛，助健康之完美，维护医术的圣洁和荣誉，救死扶伤，不辞艰辛，执著追求，为祖国医药卫生事业的发展和人类身心健康奋斗终生"的医学生誓言。

其次，人生价值是在个人与社会的统一中实现的。我们要在社会提供的各种物质条件和知识成果的基础上，树立正确的认知，追求个人的个性发展。有的人无所作为，虚度人生，而有的人为人民、为社会做贡献，实现了自己的价值。黑龙江省齐齐哈尔市富裕县富海镇富胜村有这样两位医生，他们是一对夫妻，自疫情爆发后，二人就担负起村里的疫情防控工作。他们的大女儿是一名护士，当所在医院选拔支援武汉医疗队成员的时候，她毫不犹豫地报了名，光荣地成为了黑龙江第二批援鄂医疗队中的一员。在抗疫的日子里，他们一家人通过视频互相鼓励、互报平安。面对生死，当代的勇士们"疫"无反顾，以他们崇高的职业精神呵护着每一位需要救治的生命。他们用行动诠释了"国之所需，必全力以赴，心有所至，一往无前"的崇高追求。

毕淑敏曾在一个演讲里说，人生本没有意义，这没有错，但是我们要努力赋予它一个意义，正是因为有理想、有追求，人生才变得让人眷恋，让人不舍。我们不能改变生命的长度，但是我们可以丰富生命的内涵。

荐　读

1. 图书《活出生命的意义》，[奥]维克多·弗兰克著。
2. 图书《生死场》，萧红著。

知行合一

2020年，新冠肺炎疫情悄然而至，为了战胜疫情，许多人逆行出征，他们选择用生命守护生命，是因为他们心中有对祖国的热爱，有对信念的追求和对人生价值的感悟！你被他们感动了吗？未来你打算以怎样的状态投入工作，开启美丽的人生旅程？

（黑龙江省哈尔滨市卫生学校　毕春梅）

第十课　直面死亡　向死而生

如果我能向死而生，承认并且直面死亡，我就能摆脱对死亡的焦虑和生活的琐碎。

——[德]马丁·海德格尔

> 死亡如同骄阳，难以直视却无处不在。面对死亡，秦始皇害怕恐惧，信方士，炼仙丹，拒绝死亡，追求生命的长度；司马迁坦然接受，从容赴死，追求生命的宽度，写下千古名句"人固有一死，或重于泰山，或轻于鸿毛"。毛主席说："人总是要死的，但死的意义有不同。"生命的长度是有限的，但宽度是无限的，我们不能延长生命的长度，却可以拓展生命的宽度。

受中国传统文化的影响，死亡对大部分人来说是一个禁忌话题，大家都不愿提及。但是，死亡是人生命历程中不可避免的环节，它不以人的意志为转移，我们无法逃避。死亡让我们明白生命的有限性。只有正确看待死亡，方能领悟生的真谛。就像电影《勇者行动》里所说那样："当你生命将尽的那一刻，不要像那些内心对死亡充满恐惧的人们一样，在临终之前哭泣着、祈求着生命能重来一次好做出不同的抉择，活出不同的方式，你应吟着死亡之歌迎接终结，要像个勇士，归家的勇士。"

一、认识死亡,理解生命的有限性

《一片叶子落下来》里讲了这样一个故事:一棵高大的树上,有许多片叶子,弗雷迪是其中一片,他最好的朋友叫丹尼尔。弗雷迪和他的叶子朋友们一起度过了清风徐徐的春天,经历了骄阳似火的夏天,迎来了丹桂飘香的秋天,经受了白雪皑皑的冬天,它也见证身边朋友们一个个离开。弗雷迪从害怕死亡,到平静地接受死亡,最终安静地落下,长眠在树下的土里。这是弗雷迪的一生,也是我们人的一生:经历懵懂的幼年,青涩的少年,拼搏的壮年,迟暮的老年,最后或安详或痛苦地离开,这是自然规律。就像丹尼尔在安慰害怕死亡的弗雷迪时说的那样:"对于不知道的事,你会害怕,这很自然。"

"不过,春天变夏天的时候,你并不害怕;夏天变秋天的时候,你也不害怕。这些都是自然的变化。为什么要害怕死亡的季节呢?"

"树也会死么?"弗雷迪问。

"总有一天树也会死的。不过还有比树更强的,那就是生命。生命永远都在,我们都是生命的一部分。"

面对死亡，我们多少都有恐惧。但是，我们会逐渐明白虽然生命形态不同，长短不同，但死亡是所有生命的归宿。死亡并不代表着消失，而是另一种形式的新生，因为生命是生生不息、永不停歇的。死亡让我们明白了生命的有限性，我们要学会坦然接受每一个生命的到来和离开，敬畏、珍惜、爱护每一个生命，让我们自己的生命变得更有价值和意义。

二、正视死亡，尊重生命

《当呼吸化为空气》的作者保罗·卡拉尼什是美国斯坦福大学的神经外科医生，在他获得美国神经外科医生最高奖，即将抵达人生巅峰的时候，他忽然被诊断出患有第四期肺癌。面对死亡，他曾说："做医生的时候，我也略略体会到那些因为一场病改变人生的病人面对着什么，也正是在那样的时刻，我非常希望和他们携手去探索。那么，这样的绝症，对于一个想要理解死亡的年轻人，难道不是一份很好的礼物吗？还有什么，是比亲身体验更好的理解方法呢？但我之前根本无从知晓，这有多么艰难；我需要去跋涉、探寻与摸索多少艰难险阻。"此后，他一边和晚期肺癌相搏，一边以医生和病人的双重身份记录生命最后的日子，来反思医疗与人性。

他说："别因为你要死了才去做或者不去做某件事情，而是要找到自己认为重要的事情，不管什么时候，只管去做。"经过一段时间的药物治疗，保罗的病情得到了控制，他选择重返神经外科的手术台。在回到医院的7个月里，他坚持高强度地工作，医治了许多病人。但随着病情的恶化，他不得不停止工作。在生命的最后时刻，保罗继续前行，完成自己想做的事情：努力写作，分享自己与死神同行的经历；享受和家人在一起的时光。2015年，37岁的保罗抱过女儿，坦然告别妻子、父母和朋友，无憾地离开了人世。

作家蒙田曾说"教会别人死亡的人，同时也能教会人生活"。保罗的呼吸最终化为空气，但他直面死亡的勇气、对医疗的反思和对生死的理解却将永远存在。

正视死亡，是对生命最大的尊重。一个人只有正视死亡，才会开始思考生命，尊重并珍惜生命，从而以更积极的态度去面对生活。

三、珍惜生命，向死而生

史铁生曾说："一个人，出生了，这就不再是一个可以辩论的问题，而只是上帝

交给他的一个事实；上帝在交给我们这件事实的时候，已经顺便保证了它的结果，所以死是一件不必急于求成的事，死是一个必然会降临的节日。剩下的就是怎样活的问题了……"关于怎样活的问题，有人只追求生命的长度，忽视生命的宽度；有人向死而生，活在当下，拓展自己生命的宽度。

2020年春节，突如其来的新冠肺炎疫情打破了祥和的节日氛围。求生是人的本能，当一部分人想方设法逃离武汉时，一群逆行者告别家人，冒着生命危险，奋战在抗击疫情的最前线。他们无畏死亡，他们用最美的背影，向我们诠释了生命的意义。他们向死而生的逆行精神，值得我们学习。

有出生就有死亡，每个生命都会面临死亡，只是时间的问题。向死而生不是一种消极的思想，而是一种乐观积极的人生态度。把每一天、每一件事都当作生命的最后一天、最后一件事来看，你就会更加珍惜生命，珍惜每一分每一秒，认真对待一切。

死亡是生命的终点，也是生命的起点。叶落归根，化作春泥，鲸落海底，哺育万物。向死而生，承认并正视死亡，不仅可以帮助我们摆脱对死亡的恐惧和焦虑，还能让我们更好地感悟生命的意义。生命的意义绝不是一味地追求生命的长度，而是踏踏实实地通过自己的努力去拓展生命的宽度，实现自己的价值。

荐 读

1. 图书《相约星期二》，[美]米奇·阿尔博姆著。
2. 图书《西藏生死书》，索甲仁波切著。

知行合一

临终关怀是一种专注于减轻病人的疾病症状或延缓疾病发展的医疗护理。我们可以报名成为关怀医院的志愿者，通过服务病人去感悟生命。

（四川省简阳市高级职业中学　许晓薇）